Policy Research on
Japanese Education Reform

▶日本教育改革的政策研究

王晓燕◎著

教育科学出版社
·北京·

出 版 人 李 东
责任编辑 薛 莉
版式设计 杨玲玲
责任校对 贾静芳
责任印制 叶小峰

图书在版编目（CIP）数据

日本教育改革的政策研究／王晓燕著. —北京：
教育科学出版社，2022.1（2023.9 重印）
ISBN 978-7-5191-2969-9

Ⅰ. ①日… Ⅱ. ①王… Ⅲ. ①教育改革—教育政策—
研究—日本 Ⅳ. ①G531.31

中国版本图书馆 CIP 数据核字（2022）第 015393 号

日本教育改革的政策研究

RIBEN JIAOYU GAIGE DE ZHENGCE YANJIU

出 版 发 行	教育科学出版社				
社 址	北京·朝阳区安慧北里安园甲 9 号		邮 编	100101	
总编室电话	010-64981290		编辑部电话	010-64989363	
出版部电话	010-64989487		市场部电话	010-64989009	
传 真	010-64891796		网 址	http://www.esph.com.cn	
经 销	各地新华书店				
制 作	北京金奥都图文制作中心				
印 刷	唐山玺诚印务有限公司				
开 本	720 毫米×1020 毫米 1/16		版 次	2022 年 1 月第 1 版	
印 张	13.25		印 次	2023 年 9 月第 2 次印刷	
字 数	169 千		定 价	45.00 元	

序

我与晓燕相识，还是 20 多年前的事，那时她在日本九州大学攻读博士学位。九州大学在日本乃至世界上都是有名的学校，早在 1952 年就设立了"比较教育学讲座"和"比较教育文化研究设施"等专门的教学、研究组织机构。这些组织机构的组织者、创建人之一——权藤与志夫先生，是我的老朋友。我们共同创建了亚洲比较教育学会。晓燕作为权藤与志夫先生的学生，曾经充当他与我的信使，多次在假期回国期间来拜访我。晓燕的虚心、好学给我留下了深刻印象，同时也让我对日本教育改革特别是比较教育学的发展状况有了更多直接的了解。

晓燕在日本学成回国后，到教育部教育发展研究中心工作。那是我国研究宏观教育政策的国家级智库。我作为中心的一名政策咨询专家，很高兴看到听到晓燕十几年来认认真真、踏踏实实搞政策研究，特别是把自己在日本的所学所思转化成一篇篇政策研究论文。得知她将把研究成果集成《日本教育改革的政策研究》一书出版，我感到特别欣慰。

众所周知，教育改革是一项系统工程，涉及面广，影响面大，利益诉求复杂，随着旧矛盾的解决，新矛盾又不断涌现。面对新形势下的新矛盾，传统的思想和方法显得捉襟见肘，需要以新的思想和方法来研究与化解这些矛盾。因此，教育改革永远在路上，既要坚持扎根中国大地，增强主体意识，注重传承中华优秀传统文化，面向中国历史，面向中国实际问题，不断总结实践经验，创造出中国现代教育思想体系，又要融通中外，吸纳和借鉴他国的先进经验。我觉得与欧美各国相比，日本的教育改革有许多更值得我们深入研究和参考的地方。因为日本与我国一样，都是"追赶型"的现代化国家，但是日本在追赶西方的过程中，没有照抄照搬，而是建立了世界公认的富有日本特色的现代化教育体系。个中原因，很值得我们深入研讨。晓燕在这方面做了一些思考和回答，深入剖析了日本在教师教育、基础教育、高等教育改革方面的政策理论、改革内容及其治理体系建设，为我们把握和借鉴日本教育改革的整体情况提供了重要参考。

在教师教育治理体系建设方面，作者研究发现，日本在教育管理体制和教育制度上都参照了西方的做法，但是在教师文化建设上却顽强地保留了东方儒家文化的特色。在基础教育改革发展方面，日本不仅关注学校教育的普及，同时注重家校协作和学社融合，使得家庭教育、学校教育和社会教育得以协同发展。这对我国当前和未来的基础教育改革是一个很好的借鉴和参考。进入 21 世纪后，日本更是对高等教育治理结构进行了大刀阔斧的改革，将国立大学全部法人化，将直接管理转为间接管理，并通过内部评估与第三方评估等建立了较为完善的大学质量保障体系。

我希望晓燕继续深入研究，为中国的教育发展做出更多的贡献。

特此为序。

张风志

2021 年 3 月 20 日

目　　录

第三部分 高等教育治理结构创新

第九章 实施国立大学法人化改革

第十章 加强大学章程建设

第十一章 推进国立大学功能分类改革

前　言

　　日本教育的历史，其实就是一部生动的改革史，一部不断追赶西方、超越西方，自我革新、自我完善、追求更好的教育的历史。

　　在迈向现代化发达国家的进程中，日本形成了不同于西方发达国家的独特的发展模式，其典型特征是中央集权政府主导下的市场经济原理和儒家文化的结合。这种在社会经济发展进程中形成的东西方理念相结合的发展模式，对日本的各项教育改革政策产生了深远的影响。在第二次世界大战（以下简称"二战"）结束后，日本经济发展经历了恢复（1945—1955 年）、高速增长（1956—1972 年）、低速稳定增长（1973—1989 年）、长期停滞（1990—2001 年）和缓慢增长（2002 年至今）等跌宕起伏的阶段。与此同时，日本教育也经历了一个建立、发展、变化、改革、转型的演变过程。应该说，"二战"后，日本之所以能够从战争的废墟中迅速崛起，"教育立国"战略起到了至关重要的作用。

　　翻开日本教育的历史，可以看到，无论在哪一个时期，日本人的危机意识和改革意识都非常强烈。"日本教育现在正面临着重大危机""日本教育现在正站在一个岔路口"等观点和论述在日本教育学界满目皆是。可以说，日本是一个危机感非常强的国家，而进行教育改革、以教育立国是其摆脱危机感的重要战略举措。在改革中发展，在改革中突破，在改革中前进，成为日本作为教育现代化国家的显著特征。

　　追根溯源，日本的第一次教育改革始于明治五年（1872 年）公布《学制令》《教育令》《帝国大学令》，由此建立了近代学校制度。这是日本迈向近代社会的出发点，也为日本现代学校的形成奠定了基础。借助这次改革，1907 年，日本基本上普及了六年义务教育，儿童入学率达到 97%；1930 年，普及初中阶段教育，入学率达到 100%；1947 年，全面实现了九年制义务教育。教育成为日本人才成长、国家发展和社会进步的基石。第二次教育改革发生在"二战"后，以完善人格、尊重个性、受教育机会均等为基础，在教育上确立了民主、自由、平等的思想。第二次教育改革贯彻了延长义务教育时间、实现高等教育大众化的方针。它使日本教育走向民主化、大众化、平等化，完成了追赶欧美教育、实现教育现代化的基本目标。第三次教育改革始于 20 世纪 80 年代，是在人类社会日益国际化、信息化、消费化以及生活方式多样化的背景下，为发展更丰富多彩、更具有文化内涵的社会生活，为适应经济社会的全球化，以实现教育的个性化、自由化、国际化为目的的改革。第四次改革是进入 21 世纪后，在以"全球化""市场化""法人化"为关键词的大学改革时代，日本政府对本国的高等教育政策、治理模式以及政府职能进行了重新规划，从政府调整、市场调整、机构调整、专家调整等四个层面对大学进行了系统性结构改革，其中包括大学教师队伍管理改革，特别是对大学教师队伍的人事管理、资源配置方式、组织构成模式等进行了富有战略性和效率的改革。

本书是笔者留日回国后十多年来对日本教育改革中一些重点问题的研究的论文合集，主要由三部分构成，即教师教育治理体系建设、基础教育改革协同发展和高等教育治理结构创新。

通过研究，笔者深深感到，日本虽然注重学习欧美各国，但并没有照抄照搬，而是一直在探索寻找属于自己的教育改革出路，甚至走出了与欧美各国完全不同的改革之路。例如，本书第一部分讲到，"二战"后日本在接受美国对日本教育体系的重塑时，顽强地保留了属于自己的集体主义教师文化。不仅如此，日本还注重通过制度改革促进教师专业化发展，构建了具有日本特色的教师教育质量保障体系。

在 20 世纪 70 年代中期，日本的高中升学率就超过了 90%，高中教育实现了全面普及。在这样的发展背景下，第二部分分析了日本基础教育改革协同发展的方方面面，例如注重社会教育和家校协作。

　　第三部分着重介绍进入 21 世纪后，日本开始大刀阔斧地进行高等教育治理结构改革。2004 年 4 月，日本国立大学法人化改革正式启动，使得从明治时期开始的持续了 130 多年的日本政府对国立大学的管理体制发生了根本性变革，这被称作"地震级"的改革。原本是政府直接管理下的行政组织之一的国立大学，转变为独立自主运营的法人实体。由此，大学的功能定位、章程建设以及教育质量评估体系都发生了系统性变革。总体来看，日本的一次次教育改革呈现出了许多共通的特点，如注重法律法规建设（即强调改革的合法性），注重整体性、系统性、协同性，注重专业化、一体化，等等。

　　任何一项教育改革，必须有教育理论做指导。符合教育发展规律、反映时代特征的教育理论、教育思想和观念是改革的重要前提，这样改革才不会迷失方向、误入歧途。进入新时代的中国，正在立足新发展阶段，贯彻新发展理念，构建新发展格局，积极推进全方位的教育改革。日本也曾是一个发展中国家，其面对过的教育问题也有可能出现在中国（事实证明，本书中提到的很多问题都是当前中国教育改革关注的焦点）。出于历史、文化、地域的原因，中日教育具有一定的相似性。在互联网、大数据、云计算、人工智能迅猛发展的新时代，在构建高质量教育体系的新时代，中国教育正在迎接各方面的挑战。希望本书中对日本教育改革的一些研究、思考，能为中国的教育改革与发展、中国的教育现代化提供一些的借鉴和参考。

第一部分

教师教育治理体系建设

第一章　加强教师文化建设

文化是一个国家、一个民族的灵魂。进入 21 世纪，世界迈入了全球化、信息化迅猛发展的时代。当今世界，一国经济已经不能独立运行，缺乏全球视野的经济政策已经不符合时代的发展趋势。不仅仅是经济，人类生活、教育、文化等诸多领域也是如此。可以说全球化和信息化给现代的民族国家带来了深刻的影响，这种影响涉及社会生活的所有领域，对于文化、教育领域的影响往往更为强烈。全球化、信息化的突飞猛进，伴随着文化的输出与认同、多元价值观的发展，各种文化思潮冲击着人们的思想，给教育带来了深刻影响，使教育工作者面临多重挑战。

一、教师文化建设面临新挑战

（一）全球化使传统教师文化面临挑战

自 20 世纪七八十年代以来，随着新科技革命兴起，生产力获得巨大提升，经济全球化不断扩展，知识经济迅猛发展，教育的外在环境发生了极大变化，这使得人们自然而然地期待教育的改变。新自由主义作为一种经济学理论开始变得政治化、国家意识形态化、范式化，其所主张的教育市场化在英、美、日等国家得到推行。新的人才观、市场观、竞争观、素质与效率观，以及教育要与社会、经济一体化的观点被强调与推崇。世界范围内的经济和综合国力的竞争，实质上是人才的竞争，而支撑人才竞争的重要力量之一是教师，这一点成为包括日本在内的许多国家的共识。

作为知识技能和传统文化的传播者，教师的意识形态、价值观念、言行准则等不仅对他们自身的专业发展、教学效果以及自身文化建设起着重要的作用，而且是教师教育改革能否成功的关键所在。素以坚持"教育立国"著称，被认为通过发展教育实现经济腾飞的日本，面对经济全球化的到来，提出了"科学技术创造立国"和"文化立国"的国策，期望通过发展科技和振兴文化来继续保持经济大国的全球优势地位。日本政府指出：在经济结构的变革过程中，文化不仅本身具有极大的意义，而且通过产出丰富的感性和新的价值，也将影响社会和经济等其他领域的发展和活力。因此，对教师职业职能的再思考、对教师文化从理论到实践的总结与重构成为日本教师教育治理体系建设的一大特色。

20世纪80年代中期，日本就提出了面向21世纪的教育改革议题，进行了第三次教育改革。这是在人类社会日益国际化、信息化、消费化以及生活方式多样化的背景下，为发展更丰富多彩、更具有文化内涵的社会生活，为适应经济社会的全球化，以实现教育的个性化、自由化、国际化为目的而进行的改革。改革要求日本学校和教师着眼于解决由教育过分整齐划一和灌输带来的种种弊端。90年代，日本更加强调教师要从灌输教育转向引导学生主动学习，使学生从记忆知识的学习转向探究性学习，获得多样性、个性化的发展。2000年3月日本教育改革国民会议明确提出"推进建设适应新时代发展的新学校""发展每个人的才能，培育富有创造性的人才"，为此，改革的重点就是要将经济学组织管理的构想引入教师评价制度、学校和教育委员会的管理，实施富有创造性的教学，纠正划一主义，重视个性化教育。这便向日本传统教师文化提出了崭新的要求，适应全球化发展的教师文化内容、形式与价值重构成为日本教师教育研究、教育治理研究领域的一项重要课题。教师文化建设成为学校治理的一个重要方面，对提高学校的治理水平、教育教学质量、教师专业化发展水平发挥着越来越重大的作用。

（二）信息化使传统教师文化面临挑战

教师文化是教育治理不可忽视的重要因素，它主要是指教师群体在教育教学实践中所秉持的价值观念、职业精神、行为准则、角色认同等。我们并不否认，在实际的教学过程中，教师的教学风格是个人化的，教师亦多处于孤立的状态，但就教师的专业发展而言，教师发展其专业知识与能力并不全然依靠自己，而是会向他人（如同事或校外专家）学习、请教。在学校这个基层组织中，教师并非在孤立地形成与改进其教学策略与风格，他们在更大程度上依靠的是"教学文化"（teaching culture）或"教师文化"（teacher culture）。正是教师文化，为教师的工作提供了意义、支持和认同。

日本的传统教师文化，是集体主义文化的典型代表，也集中反映了日本人的国民性。日本集体主义观念的形成缘于其地理位置、生产生活条件、历史与民族意识等多方面因素。首先，日本是个岛国，独特的地理环境、狭小的国土、匮乏的资源以及频繁的地震等使它的国民形成了强烈的危机意识、地域共同体意识和集团意识。其次，国家主义、民族主义使日本人"自发性"地产生了对集体的依附和服从，日本人只有在自己所属的集团中，才能够有安全感、存在感。他们总是先将个人看作集体的一员，形成了极强烈的内外有别的归属意识。另外，日本的集体主义观念还吸收了中国儒家文化中的思想，如忠义、孝道、谦恭、尊卑等，它主张"忠义""和为忠"，以"忠孝恭顺"为宗旨，在社会生活中坚持"年功序列"（即按照入职年龄论资排辈）制度和"划一主义"的原则。这些因素使得日本教师之间具有高度的合作性，在学校内部教师的团结力和团队凝聚力较强。日本教师整体上都能践行"团结""齐心""合作""一致"的价值观，呈现出鲜明的集体主义文化特征。

正是这种齐心合力的集体主义教师文化促进了日本学校教育的现代化发展，使日本在 20 世纪 70 年代就进入了世界教育发达国家行列。彼时，九年义务教育实施已久；高中教育升学率超过了 90%，实现了普及化；高等教育升学率超过了 50%，实现了大众化。这种飞速发展，在现代国家中是极为罕见的。值得关注的是，在这个时期日本学校教育取得了巨大成就，但日本民众对学校和教师的信任感却在降低，主要原因之一就在于信息化带来了巨大挑战。随着信息化的迅猛发展，在学校之外出现了一个巨大的信息空间，这个"校外信息空间"改变了传统的知识传授方式，对学校和教师所拥有的垄断性地位提出了严峻挑战。在现代学校制度下，学生在学校里，通过教师对教科书内容的讲解传授而获得有价值的信息、有意义的知识，而通过日常生活体验学到的知识相对有限。信息化的迅猛发展改变了学习环境和学习方式。通过各种媒体传递的知识信息的规模可以和学校一较高下，它们有时比学校教师所传授的知识信息更易懂、更有趣、更方便获取，甚至更有针对性、更有用。从各方面看，信息化改变了知识的单一传播途径，改变了学习方式，也改变了学生和教师之间以及教师和教师之间的关系。

20 世纪 80 年代以后，伴随信息化的迅猛发展，效率、平等、共存、自我实现等价值理念在日本的教育改革中发挥了主导作用。这体现在教育中，就是从强调"集体主义"转向强调"尊重个性""重视个性"，强调在共存中实现自我价值。学校改革也要求进行学校分类，支持择校、课程多样化等。这给以"集体主义""划一主义"为特征的日本传统教师文化带来了新课题、新挑战。

二、教师文化的形态与内容

对任何国家来说，新的教育理念要得以贯彻落实，教育改革要取得实质性进展，教师文化的重塑都是至为关键的因素。教师作为教育改革的实践者和推进者，只有在思想上认同国家教育改革的理念，才能有效地将教育改革目标落实到教育教学实践层面。也就是说，教育改革的理念只有首先得到教师群体的认同，才能对实际的教育教学发生积极的影响。因此，教师文化必须自觉地与改革理念趋同，发展具有革新意义的价值观念系统，以引导教师自觉地采取与之相应的教育行为方式，使教育教学实践发生实质性转变，从而加快教育改革的步伐。这是教师文化影响教育改革的关键机理所在。

（一）教师文化的四种形态

从宏观而言，每个国家教师文化的特质都与其政治、经济、地理、历史文化以及教育发展进程等密切相关。探明教师文化的存在形态和特征对于教育改革的推进和教师教育治理体系的建设具有极其重大的意义。从政治、经济、文化以及社会背景的维度，正面提出教师文化概念并对之进行深入分析的著名学者之一是哈格里夫斯（A. Hargreaves）。他对教师文化进行了"内容"（content）和"形式"（form）上的区分。他认为教师的态度、价值观、思想信念、行为习惯等"内容"，是通过教师间的相互关系之"形态"表现出来的。他的观点对日本和欧美各国的教师文化建设产生了广泛影响。他将教师文化形态划分为下列四种类型。①

1. 个人主义文化（individualistic culture）

以教室为单位，以课堂为中心，教师进行单独授课，往往与同事处于相对独立、隔离的状态。教师的精力主要用于处理自己课堂里的事务，对其他教师采取不干涉的态度。这虽然部分体现并尊重了教师个人特质中的独创性，但很易使教育陷入个人保守主义。这种个人主义文化，虽然在表面上无损于他人，但从整体上阻碍了教师的发展和相互汲取教学经验、相互学习促进的教学文化的形成。这既不利于教师自身以及其他教师的专业发展，也会弱化学校整体人际关系的协调性。因此，在消除学校中的个人主义文化弊端的时候，应当想方设法建立、保持高水平的关心文化。

2. 集团分割的派别主义文化（balkanized culture）

派别主义文化，又称宗派主义文化、小集团文化、小团体文化。

---

① HARGREAVES A. Changing teachers, changing times：teachers' work and culture in the postmodern age ［M］. New York：Cassell, 1994：163-186.

在学校中，派别主义文化表现为整个学校分化为一个个独立的小组甚至是相互竞争的团体。教师各自忠诚于、归属于某一团体。在同一团体内部，教师成员往往联系紧密，共处、交流的时间较多，在教师活动室中经常一起互动，沟通交流、共享一定的观点，追求共同利益。而各个团体或各个集团的教师成员之间，要么互不交流、对他人漠不关心，要么处于竞争状态（不过，还没有发展到损人利己的地步）。派别主义文化的存在，造成或强化了学校内观点和利益的分化，不利于教师通过广泛的同事合作获得发展。

这种集团分割的派别主义文化在中学里表现得十分明显。这一方面是由于中学各学科之间的分割现象严重，另一方面的原因在于教育制度本身。在重视学科和学业成绩的中学里，学术性的学科、应试学科和教授这些学科的教师受到了重视，非学术性的学科、非应试学科及其授课教师处于边缘化的地位。另外，文科教师与理科教师之间的分化现象也非常突出。在小学里也存在派别主义文化。小学教师的派别主要是以年级或学年段为单位来划分的。这有利于同年级或同学年段内横向的课程整合，却不利于纵向的课程连续，也不利于追踪学生的进步。固然，我们可以通过纵向划分学科的方式促进有关教师对课程连续性问题的关注，但是建立整体开放、合作的教师文化，才是根本之道。

消除派别主义文化弊端的方法之一是在校内推行全校性的计划，如全校课程发展规划、全校使命和教育理念、全校教育目标和特色的创建等。但是，在一个大而复杂的学校系统内，尤其是在中学，此类计划想得到全校成员的认同是比较困难的。这时应采取的策略，一方面是尽力缩小各团体在规模、地位、资源等方面的差别，另一方面是强化各团体之间的渗透性和流动性。除了学科组、年级组之外，在学校内建立各种任务或项目小组，一位教师在多个小组内担任成员，并且可随时更换小组。

3. 主动协同、自然合作的文化（collaborative culture）

这是基于教师之间的开放性、信赖性、相互支持和援助而形成的一种主动合作关系形式。在学校日常生活和工作中，这种文化表现在：教师愿意公开观摩课堂教学并讨论听课的体会；对于教学指导上的失败或不确定性，教师不是采取逃避或防卫的态度，而是在相互帮助中一同去面对问题，在相互讨论的基础上共同找到解决问题的办法；教师在教育价值观、教育思想甚至教育方法上追求广泛的一致性，对于细微的不一致则采取宽容的态度。

哈格里夫斯认为对于这种教师积极主动合作、同舟共济所形成的自然合作的文化，目前真正能够有效实施的学校是非常少的。其实这种主动协同、自然合作的文化形式，在日本教师中表现得非常明显。可以说日本的集体主义教师文化正是主动协同、自然合作文化的典型。它对于形成日本学校整体的凝聚力、向心力起到了极其关键的作用。哈格里夫斯作为西方国家（加拿大）教师教育研究领域的一位著名学者，在西方文化背景下，把教师间的自然合作文化看作教师文化的一种最理想的形态。实际上，这种主动协同、自然合作的教师文化也存在一些问题。比如，在日本，教师合作有时只是一种盲从或服从性质的行为，教师为了求得共同性而压制了自身的个性、独立思考和创造性。为了培养富有创造力的人才，日本正在有意克服集体主义教师文化的弊端，如汲取西方个人主义文化的优点，形成文化互补。

4. 人为引导、创造的合作文化（contrived collegiality）

哈格里夫斯认为教师文化的变革应该从个人主义文化、集团分割的派别主义文化逐渐向主动协同、自然合作的文化转换。但是，主动协同、自然合作的文化很难自发地产生。因此，就要由以校长为中心的行政领导集体发挥领导管理作用，为教师创造一种有利于合作的环境与氛围。因此，人为引导、创造的合作文化力图通过一系列正规的、特定的官方程序来制订教师联合计划，增加教师间相互探讨的机会。

这种文化一般表现为行政强制性或有组织地引导的小组教学、为合作计划提供特定的办公室、为新教师安排指导教师等。这种人为引导、创造的合作文化的目的是鼓励教师之间加强联系与合作，鼓励教师之间相互分享教学技能和专长，鼓励教师之间相互学习和提高、共同促进教育教学新方法和新技术的实施与推广等。

这种合作文化具体可以细分为两类：一类是行政强加的教师合作，指行政部门采取自上而下的方法直接操纵教师的合作行为和实践；另一类是组织引导的教师合作，这类合作也是行政部门采取自上而下的方法组织的，但不同于前者的是，行政部门不是直接操纵教师的合作活动，而是通过为教师创造工作环境来培养教师解决问题的能力。组织、引导、创造合作反映了行政人员试图以更加自然的方式培育教师合作文化的良苦用心。实际上，无论日本还是欧美国家，现在一般都是在以校长为核心的行政领导集体的强有力领导下来推进这种合作文化的。

（二）日本教师文化的特质

在分析教师合作文化时，经常会遇到两个英语单词，即"collaboration"和"cooperation"。这两个单词都有合作、协作的意思，但所描述的教师合作文化形态与内容并不相同。前者强调的是积极主动、集体共同合作。为了解决共同的问题，教师团队成员一起积极合作，在互相讨论的基础上共同探究、寻找恰当的方法，从而实现共同的目标，所以成员之间是共同合作的关系。日本的教师文化主要体现的就是这种"collaboration"型的合作关系。而后者更多强调个体之间的协力合作，即在众多学科领域或教育教学领域，对于某些问题，教师们在相互帮助、协力的基础上各自去探求追究。欧美国家主要强调的是后者。20世纪80年代，在英国，当市场原理最初被导入教育领域时，人们主张教师与教师之间是完全的竞争（competition）关系，而现在他们强调教师之间是"coopetition"的关系，即既要有竞争，又要有合作，在竞争的同时还要进行充分的合作。

　　对于日本教师的合作主义文化，从国际比较的视角来进行的研究更可以说明其特质。例如，美国的两位学者从 20 世纪 70 年代后期至 80 年代，对日本仙台、中国北京和美国明尼阿波利斯的小学生的学习能力（数学和语文方面的）进行了跟踪比较调查。调查结果显示，中日两国小学生的学习能力远远超过美国的小学生。究其原因，主要在于各国的教师专业培养培训方法存在很大差异。在美国，对教师的培训基本上都是在大学里，而且是针对个人进行的。而在日本和中国，对教师的培训并不完全在大学里进行，甚至可以说，对教师真正的培训发生在其大学毕业之后，通过引导教师在教育教学一线积累实践经验和新老教师团队的传帮带来实施。并且，在日本和中国，教师们都有专门的办公室，他们都有自己的空间，可以进行备课、批改作业、和学生谈话等各种教育教学工作，也可以对教学技巧、内容等问题进行集体讨论、集体备课等。美国则相反，教师待在自己的教室里，互相独立又孤立，想与同事进行教学方面的探讨相对来说不太容易。美国的研究者们特别观察到，在教师相互之间共享教学经验，从其他教师的特定公开课中吸取成功与失败的经验和教训方面，美国的教师要比日本和中国的教师欠缺得多。也就是说，与美国相比，日本和中国的学生学习能力强的原因，一方面在于教师的素质高，另一方面，更重要的是教师之间通过协力合作来提高教师的整体素质这一合作主义文化起了作用。这种差异凸显了美国孤立主义教师文化的弊端。

　　另外，别的国际比较调查也证实了日本教师群体具有高度的合作主义文化特质。在 1986 年，美国、英国、日本三国进行了"关于中学教师的职业满足度"的国际比较调查。结果表明，在"教师共同参与对教育方针的目标、内容、实施策略与方法的起草制定"、"教师共同承担指导学生的各方面责任"、"年长教师对新任教师给予支持、提携与帮助"、"积极参加所教授学科课程的进修、培训与研讨等活动"、在学校内部"教师的自我努力与教学工作能得到认可"、"拥有与同事充分进行专业交流、探讨的机会"等多个调查项目上，日本教师的肯定的回答率远远高于英美教师。从整体上看，日本教师的共同合作程度是三国教师中最高的。但是，在"课程开发、创新方面，教师同事间的协力合作"，在对课外活动的关心支持与参与中"教师积极联合团结所在社区、参与到所在地区社会中，为它们提供帮助，并得到它们的支持"，在参加教师培训、进修方面"能开展对促进教师的专业化发展、成长有利的学习"等项目的调查结果显示，日本教师间的合作程度又低于英美两国教师。

另有调查研究表明（见表1-1），"好"（高效运营）学校与"差"（低效运营）学校的教师的区别除了体现在教学质量方面外，教师之间的和睦、合作、集体化等状况也存在着极大的差异。在"好"学校，教师会花更多的时间与其他人探讨教学的相关问题，他们认为对方对解决自己课堂上的问题很有帮助，进而努力地适时调整自己的教学方式，而且他们对彼此班级的事务相当了解，其合作的分数值远高于"差"学校教师。另外，"好"学校教师的和睦、合作、集体化分值也远远高于"差"学校教师。研究表明，这是因为"好"学校的校长对于学校的运作方向有明确的认识，领导教师的方式优良，他们知道怎样使教师齐心协力，怎样充分发挥教师的合作精神和团体精神。调查结果表明，学校领导方式的分数值与教师合作和集体化分数值是成正相关的。

表1-1 低效运营学校和高效运营学校的教师特征（单位：%）

	低效运营学校	高效运营学校
教学荣誉感	39.7	57.8
教师职业感	27.7	59.3
教师工作效率	32.7	60.1
教师和睦	42.7	61.4
教师合作	33.8	62.0
教师集体化	49.2	65.9

表1-1调研数据显示出，高效运营学校与低效运营学校在教师职业感、教师工作效率、教师合作等方面确实存在巨大差距，因此，教

育研究者们认为只有不断倡导教师的团队精神，才能最大限度地挖掘出每个教师的潜力，才能激发教师们的创造力。日本教师合作主义文化的特质与功能受到广泛关注。可以说，日本的教师文化是在国家主义、集体主义的背景下形成的。日本至今所强调的价值观都是一种"同一"价值观，从教学方法、教学内容到教学实践，整体上都要求"团结""齐心""合作""一致"，假如个别教师有不同的意见和做法，易被视为异类。这种传统的教师文化氛围，使教师个人成为集体的一分子，一方面让教师时刻体会到教师集体智慧的力量，使教师的整体能力得到充分发挥、整体素质得到提高；另一方面，由于教师以集体为重、尊重权威，对权威或集体意见容易盲从，在制订教学策略时大多会考虑集体认可和权威推崇的模式，向（所谓的）主流靠拢，抹杀了自己的主见和信念，从而表现出求同性特征，在一定程度上失去了潜在的个体性、独立性和创造性。为消除这些弊端，日本开始借鉴欧美教师个人主义文化的优点，鼓励教师展开竞争。

三、日本教师文化的建设策略

建设与发展教师文化应该是教育改革的基础性工作。如果把教师间的关系、教师文化的诸形态放在一条横轴上来看的话，极左端是个人主义文化，极右端是共同合作文化。从左向右依次为：个人主义文化，集团分割的派别主义文化，主动协同、自然合作的文化，人为引导、创造的合作文化，共同合作文化。这样看来，欧美各国试图摆脱个人主义文化，向主动协同、自然合作的文化甚至共同合作文化的方向迈进；而日本想摆脱共同合作文化，向主动协同、自然合作的文化甚至个人主义文化的方向发展。因此，我们在讨论分析各国教师的合作文化时，一定要考虑到政治和社会背景。毋庸讳言，各国强调合作文化，本质上都是为了更有效地提高学校这一组织的专业素质与地位。

（一）加强合作主义教师文化建设

面对 21 世纪知识经济的飞速发展，科学技术的迅猛进步，以及日趋激烈的国际竞争，欧美各国、日本等国家政府都提出培养创新人才，将教育的主要目标转移到了培养学生的创造力上。而建立民主的教学风气和融洽的师生关系是激发学生创造力最基本的条件。

在如今市场化的社会中，以英美为代表的一些发达国家，越来越重视教育消费者（如家长）的自由选择权。在教育的自由市场中，让家长自由择校，成为英美学校改革的一大特点。此制度的实施，目的是通过家长择校来促进学校之间的竞争，激发教师的工作动力、热情、责任感和危机感，督促学校和教师不断提高教学质量，否则就有学校倒闭、教师失业的危险情况出现。

学会做人、学会生活、学会交往、学会求知、学会创造是现代教育的核心内容，而教师应该成为这些方面的指导者。21 世纪，人类已进入知识经济时代。掌握和运用知识、信息的能力是个人竞争力的核心，知识创新是社会发展的关键因素。为了适应科学技术的飞速发展和知识更新进程的不断加快，教师接受继续教育和终身学习已成为必然的趋势，对教师文化的重新审视与建构也成为不容忽视的重要课题。

有日本学者认为，学校选择制的实施，要求学校的结构必须建立在教职员、教育委员会、家长、学生等当事者之间的协力合作与信赖的基础之上，否则学校就很难维持和发展。欧美国家也越来越强调教师需要懂得合作，既要做学习的倡导者，和学生建立和谐的合作关系，又要善于与其他教师合作。教师最好通过研究、实践和反思，通过与其他教师的探讨合作，组织引导学生相互间进行沟通、在学习中形成相互交流的局面。教师要和学生建立和谐的关系，让学生在教学活动中获得成长，积极主动地和其他教师进行合作，促进学习质量的提高。同时，教师还必须学会与家长合作，建立融洽的关系，让他们更多地了解孩子的情况，总结有助于学生在学校和家庭里学习的经验，力求获得家长对学校教学和教师工作的更多支持。

值得注意的是，虽然日本与欧美国家教师文化的构建取向不同，但其战略决策却十分相似，即通过培养和充分发挥校长在学校中的管理能力，协调各种关系，缓和各类冲突，以促进合作主义的教师文化的形成与发展。所以校长等学校管理人员的进修、以建设教师文化为核心的进修，正在今日的英美和日本盛行。

（二）加强教师文化的理论与实践研究

现在世界各国都在进行着大大小小的教育改革。尽管各国教育改革的体系和重点各有不同，解决教育问题的方法、具体的对策各种各样，但是在后现代思考方式、经济全球化的影响越来越强的今天，一些倾向和趋势已被世界所公认。它们使学校教育发生了质的变化。

这些质的变化表现在以下两个重要的方面。第一，市场原理向教育领域的渗透。择校制的实施范围已经扩大到了义务教育阶段。伴随它的还有根据学生人数进行预算分配等倾向。这种趋势的发展，一方面反映了变革时代人们对公立学校的效率的关注度越来越高，另一方面它促进了教育的发展。第二，由公共机关实行的学校评价、教育评价有扩展的倾向。由英国教育标准局发起实施的学校督察制度就是一个典型的例子。这种评价动向是以对教育效率的追求以及绩效责任制的广泛推行作为背景的，同时，它也具有为学校教育的社会职能以及教育管理的方式带来重大改变的可能性。

现代学校教师的价值规范、意识态度、言行准则等都会受到社会文化传统和政治经济体制变化的影响与制约，因此必须重视教师文化的建设。日本和欧美国家对教师文化理论研究的重视，对教师文化从内容到形式的深入挖掘，极大地推动了教师的专业发展，这对正在全面实施素质教育的我国具有一定的借鉴意义。在经济全球化不断发展的时代，在以知识经济为主导的时代，如何建设和发展具有中国特色的教师文化，或者说如何在几千年儒家文化背景下重塑我国的教师文化，如何使学校领导和教职工认识到教师文化建设的重要性等一系列的课题还需要我们去不懈地研究。日本对教师文化建设的重视给我们提供了一些参考，加强教师文化建设不仅会促进教师的专业发展和教育质量的提升，而且对推进教育治理体系和治理能力现代化具有重要保障作用。

第二章　促进教师专业化发展

日本为了"实现世界上最高水平的初等、中等教育"，进入 21 世纪以来，对教师教育进行了全面改革，对教师的素质和能力提出了要适应知识经济时代发展的新要求，调整了教师培养课程的取向，提高了教师培养的学历层次，更新了教师资格证书管理制度，完善了教师研修系统，改革了教师评价制度，等等。研究这些改革与创新事项，可为 21 世纪我国的教师教育发展战略提供一定的参考。

一、日本教师专业化发展面临的问题与挑战

在论述日本 21 世纪的教师教育改革之前，有必要对"二战"后日本教师教育面临的问题与挑战，即改革的大背景做一个简要的、整体性的介绍，以便我们更加准确地理解日本 21 世纪教师教育改革的原理、政策推进的目的与基本价值取向。

（一）教师教育大学化面临的问题

"二战"后，日本教育界在对传统封闭型教师教育模式进行深入剖析与批判的过程中，构建了教师教育大学化（university-based teacher education）的理念与原则。其核心目标是把教师培养水平整体提升到大学层次，秉持大学的自治和学术自由精神，通过通识教育和专业教育培养高素质教师。根据这种理念，日本进行了改革，实施了开放型教师教育模式，规定在各都道府县（相当于我国的省级行政区）的国立大学内设置教育学部或单独设立教育大学，同时对"二战"前的旧制师范学校进行合并和升格，改为新学制下的学艺大学、综合大学教育学部或学艺学部，从而形成了学艺大学、综合大学教育学部或学艺学部、国立大学、公立大学、私立大学等多种教师培养机构。由此，

　　日本教师培养的途径和方式变得开放、多元：一方面，专门的教育大学、学艺大学可以负责教师培养；另一方面，只要按照规定设置教师培养课程，并经文部省（2001 年 1 月 6 日文部省与科学技术厅合并，改称文部科学省；在后文中，如无明确年份限定，统一使用文部科学省之称）批准，其他综合性大学也可承担教师培养方面的工作。

　　日本采取开放型教师教育模式，实施教师教育大学化策略，不仅拓宽了师资来源，而且满足了短期内培养大量师资的需要。在大学层次培养教师，从一定程度上提高了师资的质量，培养了大批交叉学科的大学毕业生从事教育工作；较好地处理了师范院校和普通院校之间闭锁与开放的关系，整体上提高了师范院校的教学质量和水平。[①] 然而，日本的教师教育大学化也产生了很多问题。筑波大学桑原敏明教授指出，开放型教师教育模式对教师素质能力的培养目标在于：使其喜欢青少年，并愿为促进学生的身心发展而献身；对学生的身心发展能有共同的理解；针对教育内容与方法，具有开发创新的能力；能够组织教育教学，深入理解它并具有判断力。但这种模式在培养教育者的责任感等方面存在欠缺。[②]

　　而放眼世界，20 世纪 80 年代后，欧美等西方发达国家就已经将教师教育从大学本科水平提升到了研究生水平。例如，芬兰规定中小学教师必须拥有硕士学位，美国教师半数以上为硕士，德、法等国的中小学教师也都是要研究生毕业。相比之下，日本感到自己大大落后了。直到 2004 年，日本教师取得硕士研究生学历的比例仅为：幼儿园教师 0.2%，小学教师 1.4%，初中教师 2.7%，高中教师 10.6%。[③] 同时，在开放型教师教育模式下，大学无法安排大量学生实习，从而使教育实习形同虚设。教师教育大学化进程中教职专业教育和专家教育的缺

①　祝怀新. 封闭与开放：教师教育政策研究［M］. 杭州：浙江教育出版社，2007：70.
②　日本教育学会. 教育学研究：第 57 卷［M］. 東京：育英出版，1990：77-78.
③　佐藤学.「知識社会における教師の科学的教養と教員養成」. これからの教師教育＝国際的の視点から＝日本学術会議公開シンポジウム［EB/OL］.［2009-04-01］. http://www.scj.go.jp/ja/event/pdf/30-k-ppt.pdf#search=ʹこれからの教師教育ʹ.

失成为日本亟须解决的问题。

（二）教师教育证书化面临的问题

对所有教师实行资格认证，颁发相应的许可证，是日本教师教育的又一基本原则。日本的教师资格证书分为三种，即"专修许可证"、"一种许可证"和"二种许可证"。"专修许可证"要求达到硕士研究生毕业程度才能授予；"一种许可证"要求达到大学本科毕业程度才能授予；"二种许可证"要求达到短期大学（相当于我国的专科大学）毕业程度才能授予。个人在取得教师资格证书之后，参加地方教育委员会举行的公开甄选考试，成绩合格就可以被正式录用为中小学教师。

上述教师资格认证制度为日本中小学输入了大量合格的教师，但是，经过半个多世纪，它也带来了一些问题。在日本，除了个别医科、齿科大学外，几乎所有的大学都有教师资格课程。2007 年，就有 855 所大学和短期大学在培养教师并颁发教师资格证书，其中四年制本科大学就有 570 所以上。每年取得教师资格证书的人数往往是实际需要的几倍甚至十几倍，从而产生了大量并不从事教育工作的"证书教师"。[①]尽管教师录用考试竞争激烈，但是仅通过书面考试以及一两次面试，很难对每个应聘者的资质进行全面的考查，这使得一些持有教师资格证书、考试成绩优良但并无从事教师职业心理准备的人，或者并不适合当教师的人进入了教师队伍。

为什么进入 21 世纪以后日本教师教育制度改革出现了一个重要转折点呢？其中一个重要的原因，就是面对社会所需要的知识的变化，教师自身首先要成为一名卓越的学习专家，然而上述 855 所大学和短期大学还没有完全具备能够授予教师资格证书的最低条件——"培养教师最基本、最扎实的资质能力"。这是进入 21 世纪后日本教师教育亟须解决的制度性问题。

---

① 門脇厚司. 日本の教育改革と教師の職能成長 [EB/OL]. [2008-04-04]. http://www.jaxbyx.edu.sh.cn/WebStyle/XBYX/RedirectContent.aspx? SubjectID = 545&ContentID = 2703.

（三）学校教育一线出现的危机

更加严重的是，日本学校教育一线的教师工作变得越来越复杂、越来越困难，主要原因就在于学校教育的对象——学生在"变质"。越来越多的"变质"的学生到底是什么样的？"变质"的表现是什么呢？举例来说，失去学习欲望的学生在增加，他们热衷于看电视和打电子游戏，体力以及学习精力下降。学生在日常生活中实际体验减少，社会交往能力低下。学生中出现了越来越多的打架斗殴和逃学现象，从中可以看出不能够适应学校的学生在增加，存在学习障碍、注意力欠缺/多动性障碍、高机能自闭症等问题的学生都在增加。这是学校教育一线出现的新问题。

快速城市化导致传统交往团体被毁坏，富裕的生活，各种新媒介的普及导致的现实感、真实感的缺失，以及考试竞争的常态化，等等，都是日本学生"变质"的原因。

特别是从 20 世纪 70 年代后期至 21 世纪初，日本中小学"校内暴力""少年违法行动"等教育事件不断增加，所谓的"教育病理"问题（校园暴力、以强凌弱等）甚至"荒暴学校"（学校里的学生对教师施暴、拒绝上学等）不断出现。1985 年，日本学校以强凌弱现象发展到高峰时，全国 50% 的小学、60% 的初中、30% 的高中都有这种现象。1995 年，以"讨厌学校"为理由，12781 名小学生和 54060 名初中生一年缺席 50 天以上。如果以缺席 30 天以上为标准，小学生有16566 名，初中生有 64996 名。① 社会对学校和教师的批判日益尖锐，本科层次的教师资质应付上述问题的能力受到广泛质疑，各方面要求提升教师专业化能力的呼声非常强烈。

（四）教师队伍将面临的危机

一方面，伴随着日本老龄化和少子化等社会问题日益严重，教师

---

① 藤田英典. 走出教育改革的误区 [M]. 张琼华，许敏，译. 北京：人民教育出版社，2000：111.

总体需求下降，优质教师需求上升，本科层次教师教育面临社会不满。

另一方面，"团块世代"［一般指"二战"后日本复兴初期，即 1947 年至 1949 年第一次婴儿潮期间出生的人们，约 800 万人（一说 680 万人），是一个非常庞大的人口集团］的人大量退休（2007—2009 年约有 280 万人达到退休年龄），使日本教师队伍面临严重的人员不足。根据文部科学省的估算，到 2020 年，三分之一的日本教师需要替换。而按照东京大学教育研究院院长、教育学家佐藤学的预测，将有一半以上的教师需要替换。佐藤学认为，原来日本中小学教师维持着较高的水平，是因为有竞争激烈的教师录用考试，但是，由于日本开始进入教师退休的高峰时期，录用考试的竞争趋缓，教师录用人数增加，再靠激烈竞争保证质量已经非常困难。①

二、推动日本教师专业化发展的各种改革

2001 年 1 月，日本文部大臣町村信孝在公布的《21 世纪教育新生计划》中指出，日本的教育面临着诸多危机，亟须解决"异己灭"（即以强凌弱、霸凌）、学生拒绝上学、校内暴力、班级崩溃、青少年犯罪等严重问题。另外，当时的教育还存在对学生个性和创造力培养不足以及不能很好地与时代同步等问题。《21 世纪教育新生计划》是旨在落实"新生日本"国家政策的最重要的教育改革措施，它将 2001 年作为"教育新生元年"。

针对教师教育面临的问题与危机，日本围绕以下几个方面进行了大胆的改革。

（一）改变培养重点，加强教师教育课程的实践性

2000 年以后日本实施的教师教育改革的政策先导是 1997 年 7 月教

---

① 佐藤学. 「知識社会における教師の科学的教養と教員養成」. これからの教師教育＝国際的視点から＝日本学術会議公開シンポジウム［EB/OL］.［2009-04-01］. http：//www. scj. go. jp/ja/event/pdf/30-k-ppt. pdf#search＝'これからの教師教育'.

育职员养成审议会所提交的第一次咨询报告。这份以《面向新时代的教师培养改善策略》为题的咨询报告，是关于"新时代所需要的教师的资质能力"的具体提案。那么，这里所说的"教师的资质能力"指的是什么呢？它主要包括"无论在什么时代都需要的资质能力"和"今后特别需要的资质能力"两部分。咨询报告提出，教师不仅要具备任何时代都要求的"对教师职业的使命感、热爱、自豪感"以及以此为基础的知识技能，更应该具备当今社会所需的诸如全球视野、适应社会变化以及胜任现代教育教学的能力。咨询报告认为，大学的教师教育目标应是"培养具有使命感、有擅长领域、富有个性而且能够较好地应对教育一线课题的、有能力的教师"。

咨询报告特别强调了日本 21 世纪教师教育改革中教师的教育教学实践能力、专业发展能力以及"说明责任（即绩效问责）"的重要性。据此，日本政府对教师资格证书制度进行了一系列改革，进一步加强了有关教师职业成长的科目。与以往重视专业领域的学科知识不同，改革更重视教育教学方法以及与学生交流方法的训练，大幅度增加"教师职业课程"，新设"教师职业意义""综合演习"等科目，将教育实习学分增加一倍，同时大幅度减少学科科目的学分。

大学的教师教育课程及教学也发生了很大变化。注重实践性、教育一线的现场性成为 21 世纪初日本教师培养模式的最大特点。2004 年 3 月，日本教育大学协会（以教师培养为目的，对国立大学以及教师培养学部开展组织管理工作的团体）提出了教师教育"示范核心课程"。在该课程中，相当于实习指导的"教育实践体验"和相当于实际教育实习的"教育一线现场研究"从大学一年级就开始设置，各门课程交叉配置、递进发展，并与四年级的研究实习相联系。许多教育大学、学院在修订教师教育课程时都比较重视面向教学一线的实践教育。上越教育大学的教师教育课程重视学生从高中毕业到进入教师教育专业的衔接，使学生逐渐过渡到专业的实践性学习并最终与教育一线现场衔接。兵库教育大学将实地教学贯穿于整个本科阶段：一年级的参观实习，二年级的体验实习，三年级的基本实习，四年级的应用实习。

岛根大学教育学部则推出了重视"直接体验"的教师教育课程，学生从入学到毕业必须参加 1000 小时的教育体验活动。①

　　爱知教育大学 1999 年制订的"新教学计划"也提出了"四年实习制度"，即从 1999 年开始，把原来在第三年进行的为期五周的教育实习改为在四年教学期间每一年都有内容不同的教育实习，以期提高学生的教育实践能力及在实践中运用理论的指导能力，提高教师专业化水平。四年内的实习任务是：第一年为"体验实习"，即参加中小学的各种"学术仪式和课外活动"；第二年为"基础实习"，即参加实际的教学活动，以听课为主；第三年为"教育实习"，即独立在教室中教学、指导学生；第四年为"研究实习"，即在实习学校的帮助下，自己拟定研究题目并进行实践研究，完成毕业论文。②

　　2006 年 7 月，中央教育审议会提出了改革教师培养制度的具体措施，其中重要一项，就是以提高大学教职课程质量为出发点，要求将"教育实践演习"作为必修课，目的就是加强教育理论和实践的融合。

（二）提高学历层次，创建"教师职业研究生院"制度

　　要应对日本教师教育的危机，实现教育改革的战略目标，就必须提高教师的素质能力。1998 年 10 月，教育职员养成审议会向文部大臣提交了题为《关于积极活用硕士课程的教师培养方针》的第二次咨询报告。报告提出以灵活运用硕士课程等方式充实在职教师的再教育。2005 年 6 月，中央教育审议会提出了在教师培养中增加"专门职研究生院"的基本设想，指出在加强本科阶段教师培养的同时，在制度上重新探讨研究生阶段的教师培养和再教育问题。

　　为了培养具有实际教学指导能力的教师，中央教育审议会于 2006 年 7 月在题为《关于今后教师培养、资格证书制度的理想形态》的咨询报告中提出了创设以研究生层次教师培养为目标的"教师职业研究

---

① 胡国勇.日本教师教育制度改革面面观［J］.上海教育，2007（5A）：40-42.
② 王建平.日本教师教育发展动向及启示［J］.教育科学研究，2003（11）：57-59.

生院"的设想。2007 年文部科学省修改了"专门职研究生院"的设置基准，确定建立教师教育的"专门职研究生院"，将其名称定为"教师职业研究生院"，设定标准学习年限为两年（但也可以设定一年以上、不满两年的短期修习课程以及两年以上的长期修习课程）。学生毕业必须至少取得 45 个学分，其中至少有 10 个学分来自在中小学等教育机构的实习。①

在这样的制度设计下，2008 年 4 月，日本有 19 所大学设置了"教师职业研究生院"，其中国立大学 15 所，私立大学 4 所。在入学者中，现职教师的比例最高（占 53.4%），应届本科毕业生占 35.8%，其他占 10.8%。②"教师职业研究生院"的目标就是要为日本培养优秀的高学历水平的教师和学校领导者。

日本期望到 2010 年中小学教师中具有硕士学位和"专修许可证"的教师占教师总数的 15%—25%，到 2020 年中小学教师中具有硕士学位和"专修许可证"的教师占教师总数的 40%—45%。③ 日本教师教育向研究生学历层次发展已成为战略发展目标。

（三）确保教师资质，引入教师资格证书 10 年更新制

2004 年 1 月，教育再生会议提交了题为《以全社会之力实现教育再生》的报告书，其中要求"所有手段总动员，培养有魅力、值得尊敬的教师"，其重要措施之一就是引入教师资格证书更新制。

2004 年 8 月，文部科学大臣提议改善教师资格证书制度，并于同年 10 月向中央教育审议会就教师资格更新制进行了咨询。2005 年，教师工作小组就教师资格制度的改革特别是更新制的引入问题展开了多次讨论，并于同年 8 月提交了审议经过报告。2005 年 10 月，日本教员

---

① 杨艳玲. 日本教师教育的发展趋势及启示 [J]. 国家教育行政学院学报，2007（8）：84-87.

② 横须贺薫. 教職大学院の現状と課題 [EB/OL]. [2009-05-17]. http：//www.keinet.ne.jp/doc/gl/08/09/toku080901.pdf#search=′教職の高度化′.

③ 陈永明. 新世纪日本中小学教育 [M]. 天津：天津教育出版社，2006：220.

养成部对教师教育提出了改革方向和具体改革方案，确定引入教师资格更新制。

2006年7月，中央教育审议会题为《关于今后教师培养、资格证书制度的理想形态》的咨询报告指出，要改革教师资格证书制度，使之成为贯穿教师整个职业生涯的、保障教师所必要的资质的证书制度。其提出的具体措施包括：教师资格证书一次有效期限为10年，由各大学教职课程委员会根据国家规定的教师适合性基本准则给予评定；证书持有者必须在证书更新期限的前1—2年内接受20—30小时（课时）的资格更新讲习，讲习必须是经国家认定的、由大学或教育委员会与大学合作举办的。

讲习必须含有以下四个方面的内容和当时所需的教师素质能力的更新内容。四个方面的内容包括：（1）有关使命感、责任感、适合教育的情感和价值观等方面的内容；（2）有关社会性、人际关系能力的内容；（3）有关对儿童的理解的内容；（4）有关对教科书等的指导能力的内容。另外，在全部教职课程中实施教职指导，包括案例研究、教案制作、模拟教学等。不能满足更新要求的资格证书失效。在职教师的资格证书未规定有效期限，但教师有义务每10年接受同样的讲习，不能结业者的资格证书失效。

中央教育审议会表示，出台上述措施的目的在于：首先，应对不断变化的社会和不断变化的教育对象，促使在职教师不断进修，提高他们的业务技能，克服教师职业倦怠；其次，加大排除不合格教师的力度，因为日本当时的教师制度过度保护教师身份，难以将不合格教师排除出教师队伍。除上述目的之外，还隐含着另一个目的，就是试图通过资格更新制淘汰大量持有资格证书但并不从事教师职业的"证书教师"，并通过淘汰"证书教师"间接淘汰一些大学特别是一些私立大学的教育质量低下且乱发资格证书的教师教育课程，确保教师教育的质量及其专业性。

（四）应对时代要求，构建多元化的在职教师研修体系

日本在教师在职研修方面，因应时代要求，并根据教师的成长规律，逐步完善了系统性的研修制度。国家和都道府县的教育委员会根据教师的教龄组织其参加不同级别、不同种类的研修。[①]

国家层面组织的研修主要包括以培养各地区发挥领导作用的校长和教导主任为目的的研修（校长和教导主任研修、骨干教师研修），以培养各地区发挥领导作用的事务职员为目的的研修（公立中小学干部事务职员研修、公立高中干部事务职员研修），以培养具有国际视野和见识的骨干教师为目的的海外派遣研修等。

都道府县教育委员会组织的研修主要包括《教育公务员特别法》规定的新任教师研修和根据教职经验进行的 5 年教龄、10 年教龄、15 年教龄和 20 年教龄教师的研修。其核心内容是：对有 5 年教龄的教师主要进行学科（教科）指导，有 10 年、15 年教龄的骨干教师主要进行学生指导和教育商谈指导方面的研修，有 20 年教龄的教师主要进行学校经营管理的研修。此外，还有根据职能组织的学生指导干事研修、新任教务主任研修、教导主任和校长研修，以及关于专业知识和技术的研修等。

市町村（日本县级以下的平级行政单位，按所辖地区的人口数等划分）教育委员会和学校还会根据自身需要组织各种校本培训。对新任教师，为使其掌握广泛的知识与见识，从录用之日起，让其一边担任班主任或课任教师，一边进行为期一年的实践性进修。新任教师每四人配备一名指导教师，指导教师由经验丰富并具有指导能力的教师担任。此外，新任教师校内进修每周不少于 10 小时，每年不少于 300 小时，进修内容主要为对教师所必需的素养的指导，对新任教师的教学进行观察并予以相应指导，让新任教师观摩教学并予以相应指导；校外进修一年中不少

---

① 其木格，林海河. 塑造富有魅力的教师：透视当今日本中小学教师教育制度及其改革 [J]. 内蒙古师范大学学报（教育科学版），2006（12）：58-61.

于 25 天，进修的主要内容为参加教育中心等举办的讲座、专题研讨会，到企业和社会福利设施等单位进行体验活动，参加有关社会奉献体验和大自然体验方面的进修，在青少年教育设施等参加集体住宿进修等。各级教育委员会还会组织教师开展长期社会体验研修。这种研修的目的在于使教师作为社会一员不断扩大自己的视野，使教师更广泛地接触社会，提高人际关系应对能力。在职教师一般被派往民间企业、社会福利设施等校外机构参加为期 1 个月至 1 年的研修。

21 世纪应构建教师的终身教育体系，志愿成为教师者应该是比其他一般人更愿意活到老学到老的实践者，在职教师研修需要促进这种体系的建立和完善。在日本，"自主"研修作为一种提高教师素质、促进教师专业化发展的研修模式受到极大重视。日本的《教育公务员特别法》对教师的"自主"研修也做出了明确规定，要求教师像其他专业化的职业人才一样，为了增强自己的能力而积极有效地利用工作以外的时间自主地自费参加各种各样的研修。例如，开展研究型教学，在学会或研究会上发表自己的论文等。

为了支持教师的"自主"研修，大学与教育委员会携手合作，共同致力于促进"自主"研修的深化，使教师了解有关教育科学与专门科学的新发展、新成果，扩充教师在教育工作中的心理、社会、政治等方面的知识，使教师重新认识在不断变化的社会中所要承担的任务和角色，增强教师教学实践能力。

对于教师的自主研究，学校和教育行政部门会给予奖励，并逐渐完善支持体制。"自主"研修模式主要有三类：（1）"e-learning"型"自主"研修（参加远程学习、网络在线课程）；（2）传统形式的集合型"自主"研修，包括到大学、研究所、企业、社会教育事业单位、福利事业单位等学习；（3）利用图书馆、各种图书资料进行"自主"研修。①

---

① 王晓燕. 关于农村教师能力培训的创新模式研究：基于国际比较的视角 [J]. 江苏教育研究（理论版），2008（6）：8-13.

  针对日本教师教育呈现出的研究生化的趋势，教师教育机构也充分利用硕士课程来为在职教师的研修提供机会，以便促进教育理论与实践的协调。在活用硕士课程组织在职教师研修方面，日本所采取的政策性措施主要有六项：（1）促进硕士课程制度的弹性化和灵活化，充实教育内容和方法；（2）设置一年课程、长期脱产课程、业余时间（例如晚间、周末休假、长期休假等）里可学的课程等多样化的在学形式，并积极改善在职教师的学习环境，努力发挥通信手段的作用，如果交通不便，在职教师可以修学远程硕士课程，硕士论文也可以用课题研究来替代；（3）积极采取便于在职教师攻读硕士课程、取得"专修许可证"的援助措施；（4）采取多种多样的在学形式，以便在职教师攻读硕士课程，考虑到读夜间硕士课程可能会影响其在学校的正常工作，学校可适当增加临时教师的人数；（5）有6年教龄者只要取得6个学分，就具备了从"一种许可证"升级为"专修许可证"的必要条件；（6）对于已取得多个学位和"专修许可证"的教师，要在工资待遇上给予适当考虑。[①]

  从新任教师进修制度的创立到在职教师长期进修机会的扩大等一系列改革政策，使日本教师进修体系得到了全面发展。

（五）引入竞争机制，推广"能力开发型"的教师评价

  20世纪90年代以前日本学校的教师评价多为生成性评价，目的在于培养、提高被评价者的资质，而一般不直接将评价结果与待遇相联系。特别是教师，他们都是国家公务员，实行终身雇佣制和论资排辈的年功序列制。但随着90年代日本经济不景气，教育领域也开始出现"崩溃"现象，身处学校的教师不断遭到质疑，成果主义、能力主义的评价逐渐占据主流。

  2001年日本国会通过了《地方教育行政组织及运营的有关法律部

---

  ① 其木格，林海河．塑造富有魅力的教师：透视当今日本中小学教师教育制度及其改革［J］．内蒙古师范大学学报（教育科学版），2006（12）：58-61.

分修改法案》。该法案于 2002 年 1 月开始实施。其重要内容之一是引入"指导能力不足教师"的认定制度和"新的教师评价"制度，实施优秀教师的表彰制度等。

2002 年，中央教育审议会指出，学校要通过明确责任来取得社会的信任，而支撑这种学校建设的根本在于教师。所以，在严肃对待一部分不合格教师的同时，要在相对封闭的学校组织、教师队伍中酝酿正面意义上的紧张感，通过准确评价教师的工作实绩来提高教师的士气和专业性，这是建设"被信任学校"的必由之路。中央教育审议会还提出了实现学校"说明责任"的具体措施，其中最重要的就是确立学校评价体系和实施新的教师评价体系。

2002 年，教育改革国民会议提出"建立教师努力能够得到回报的评价体制"的建议。2003 年，文部科学省确定到 2005 年完全实施新的人事考核制度。2006 年年初，教育再生会议再次强调："实施反映家长、学生意见的教师评价"，"对公立学校的优秀教师，在工资、晋升、津贴方面予以优待"，"明确教学能力不足教师的认定基准，对无法改进的予以清退"，等等，在公立学校教师中全面引入竞争机制。

东京都在 2000 年就开始实施"能力开发型"的"教职员人事考核制度"。"能力开发型"人事考核包括三个部分：其一，教师通过与校长、教头（协助校长处理学校事务，通常主管教学）面谈，设定自己的目标；其二，"自我申告"，即教师根据自己的目标对教育教学成果进行自我评价；其三，校方对教师职务的履行成果以及执行过程中的努力情况进行评价。通过引进自我目标设定、"自我申告"，这种评价避免了成为单纯的上对下的单向评价，而力图成为一种学校管理层与教师双向互动的过程。同时，校长、教头等学校管理层可以对教师进行适当的指导帮助，并且可以要求教师进行相应的研修和自我提高，学校会给予适当的待遇。东京都希望通过这种"能力开发型"的人事考核提高教师的资质和整个教师队伍的士气，实现人尽其才，为学校组织增添活力。

东京都还将这种评价结果用于教职员的加薪、晋升、校内岗位安排以及校际调动等方面，在提高教师积极性方面取得了一定效果。但这种成果主义、能力主义的教师评价也遭到了部分教育学者、学校教师的质疑。他们认为这种教师评价会危及教师之间的合作，与日本政府提出的"由个性多样、各有擅长领域的教师构建强有力的教师团队，共同应对现代学校问题"的教师队伍建设目标是相互矛盾的。整合教师评价激励机制与教师团队建设是今后日本教师评价制度改革的一大课题。

三、未来日本教师教育改革关注的课题

日本希望通过教师教育改革培养具有开展优质教育活动的资质能力的教师，并使教师以后也能通过终身学习来提高自己的专业能力。教师教育改革是一项面向未来的、长期的、艰巨的工程。

那么日本未来长期性教师教育改革的课题有哪些呢？综合日本教师教育专家的观点和现行政策来看，日本教师教育改革将长期关注并持续推进的课题主要包括以下几个方面。

其一，教师的质量水准。为了提高教师的质量水准，需设计把教师教育从本科层次提升到研究生层次的整体方案。

其二，教师的资格制度。现行的"专修许可证"作为教育专家的资格证明还不够充分，在大学本科阶段授予教师资格许可证的基础上，研讨在研究生院级别授予新设资格证明的制度。

其三，教师的录用和研修。都道府县完善优先录用"专修许可证"取得者的措施。一方面，构建积极录用研究生毕业者的灵活体制；另一方面，构建在职教师在研究生院进行系统研修的制度。

其四，教师的专业化标准。制定把教师培养、教师资格取得、教师录用、在职研修、教师评价连贯起来的"教职专业化标准"。

其五，教师的培养和课程。初等教师的培养，重视"教养教育"（即通识教育）与"教科教育"；中等教师的培养，重视"教养教育"与"教职专业化教育"。在课程方面，必须把将理论与实践统一起来的

"实践研究"作为教师教育课程的核心。

其六，教职高水平化与专业化。进行教师教育课程认定的所有大学、研究生院，应该促进旨在实现教职的高水平化（指以获得硕士学位为基本资格）和专业化的多元项目开发。大学（或研究生院）应与都道府县教育委员会、市町村教育委员会进行合作，探究推进教职高水平化和专业化的实施策略。文部科学省和都道府县教育委员会将继续推进教职高水平化和专业化。为使教师能够在安定的状态下专心地、创造性地从事本职工作，还有必要对改善教师工资与待遇的政策进行立案。

四、21世纪日本教师教育改革的政策审视

上述21世纪日本的教师教育改革为教师教育的制度创新提供了思路，概括起来包括以下三个方面。

（一）向现代教师教育课程体系和教学模式转型

日本教师教育改革一直强调大学要培养学生开展教学和学习指导的实际能力，但是在政策制定中，又常常面临着理论与实践难以两全的情况。一方面，教育理论是教师专业性和实践能力的知识基础，强调理论课程的设置和教学无疑是重要的；另一方面，学习的理论不能自动转化为实践能力，学生还需要接触实践，积累一定的实践经验。从日本教师教育改革中新制定的措施和政策取向看，其教师培养的重心在于强调实践经验的获得。

当前我国教师教育注重学科专业课程和教育理论，大部分还局限于书本知识，缺乏学校一线的现场感。更确切地说，多年来我国教师教育中的现代教育理论研究突飞猛进，而学校实践研究（也可称为临床研究）还处于相当薄弱的状态。教师教育中理论研究与实践研究的差距，直接造成了所培养教师的教育教学实践能力不强，影响了基础教育质量的提升。21世纪日本的教师教育改革强调实践性、教育一线

的现场性，强调教育教学理论与教育教学实践、教育一线实际问题相结合，体现了世界教师教育发展的共同趋势，值得我们借鉴。

（二）提高教师教育的办学层次和专业化水平

日本的"教师职业研究生院"制度是为解决以往教师教育大学化、证书化等造成的问题，应对教师教育学历层次不能满足实际需要的挑战而创建的专门制度，目标是培养高水平、专业化的教师人才。教师教育高学历化是发达国家教师教育发展的共同趋势。日本通过创建贴近教育一线的、实践型的"教师职业研究生院"来提升教师教育的办学层次和教师的专业化水平，这种体制的创新对我国非常有参考价值。

据研究，高等教育入学率对教师教育发展水平的影响极为显著。当高等教育入学率达到 15%—20%时，教师教育本科化、综合化发展趋势非常明显。2020 年年底，我国高等教育的毛入学率已经达到了54.4%。① 据此，我国教师教育在总体上已经基本具备了向本科化乃至研究生化发展的基础条件。

在知识经济时代，我国应该有步骤地形成以本科和研究生阶段为主的教师教育的新格局，分阶段、分地区逐步实现小学、初中新增教师的本科化，并对研究生层次的教师教育（包括培养、录用、研修、资格、评价等）有一个整体性、前瞻性的制度设计。

（三）构建符合时代要求的教师资格管理体制和在职研修体系

日本的教师资格更新制和在职教师多元研修体系，对教师教育的质量规格提出了新要求。社会和教育的变革，一方面要求教师的知识与技能能够与时俱进、不断更新，另一方面要求教师开展终身学习，通过不断的自主性研修获得专业能力的提高。教师只有不断更新知识储备，具有较强的自主性、自发自觉性和创造性，才能满足社会发展

---

① 教育部. 2020 年全国教育事业统计主要结果［EB/OL］.［2021-03-01］. http：//www. moe. gov. cn/jyb_xwfb/gzdt_gzdt/s5987/202103/t20210301_516062. html.

和学生创造性能力培养的需要。

目前，我国的教师资格管理制度还处于规范化阶段，亟待完善；在职教师进修还局限于理论知识的学习与深化，多元化的在职教师进修模式还有待开发，特别是教师的社会性研修和自主性研究还处于摸索之中。在构建终身教育体系和学习型社会的时代背景下，日本的教师资格更新制和在职教师多元研修体系为我们提供了可借鉴的模式。

第三章　构建教师教育质量保障体系

进入 21 世纪以来，日本致力于构建整体性的教师教育质量保障体系。其中最为重要的改革包括：文部科学省对教师教育机构实施课程认证、第三方认证评估和自主自律性质量评估等。

一、对教师教育机构实施课程认证

现代日本教师教育有三个非常明显的特征：第一，实行开放型教师培养模式；第二，对教师教育机构实行课程认证；第三，对教师教育机构实施第三方认证评估和内部自主自律性质量评估。

（一）课程认证的标准

"二战"后的日本逐渐形成了"开放的、标准为本的师资培养体系"，即将师资培养向各级各类大学（包括国立大学、公立大学、私立大学、短期大学等）开放，国家主要通过制定课程标准和实行资格认证来控制教师教育的准入。根据 2016 年的统计，这直接造成了日本 93％的国立大学、63％的公立大学和 80％的私立大学都设有教师教育课程的局面。截至 2016 年，根据文部科学省公布的数据，提供教师教育课程的各个不同层次（大学、短期大学、研究所）、不同类型（国立、公立、私立）的机构多达 1282 所。面对如此多元、开放的教师教育机构，为了保证质量，日本首先从控制教师教育市场的准入抓起，实施教师教育课程认证。

日本教师教育资格认证的重要法律依据是《教职员资格证许可法》。依据此法，政府公布取得各级各类教师资质所需的具体条件，任何高等教育机构，只要有足够的师资和办学条件开设《教职员资格证许可法》中所规定的课程，并经有关机构的认证许可，即可从事教师教育。可以说，对教师教育课程的认证是日本整个教师教育质量保障体系的第一道关口。

在《教职员资格证许可法》之下，有一系列相关法规和章程，用以规范教师教育课程的认证，包括"教职课程认定基准""教师资格许可课程认定审查基准""教育许可课程认定之营运规程""教育许可课程认定之大学实地视察规程"。它们共同构成了教师教育课程认证的法规体系。其中两大"基准"相当于"教师教育课程认证标准"，对教师教育课程认证的项目和指标（如学科、师资力量等）进行了详细的规定；而两项"规程"主要是对认证的具体程序进行规范。具体认证工作由文部科学省下辖的专门机构"课程认证委员会"负责。该认证具有两层意义：一是审查并确认师资培养机构具有提供某类教师教育课程的资格；二是确认完成该教师教育课程的学习者满足获得某类教师资格证的基本学分和学历要求。

（二）课程认证的程序与内容

2016 年，课程认证委员会有 44 名成员，其中常务委员约 30 名。从 2008 年起，担任该委员会会长的一直是日本专门教育大学——兵库教育大学的校长，副委员长是东京都教育委员会的会长。其他委员则包括国立、公立、私立大学的校长和教授，幼儿园、小学、中学的校（园）长或理事长，教师专业协会会长，行政官员，财经界人士和博物馆馆长等。

该认证由于是办学资格的认证，因此在认证项目方面，相对侧重于候选机构的办学条件及运作，具体而言，主要包括以下五大项：办学理念——教师培养的理念和课程宗旨，管理体制——大学内部评价机制和组织、学生规则，办学条件——硬件设施、师资力量，课程规划与实施——大学所提供的教师教育课程、选修方法和课程大纲等的情况，教育实习与就业辅导——教育实习的实施计划、教育实习学校、教学实务指导、学生未来就业的辅导措施。

在认证程序上，新设课程的认证程序主要分为两个环节，即书面材料的审查和实地视察。根据文部科学省官方网站公布的《教师教育课程认证之申请指南》规定的步骤，认证主要包括以下流程。首先，教师教育机构向文部科学大臣提出资格认证申请以获得被认证资格。其次，教师教育机构在被文部科学省确认为当年的认证候选机构后，按照《教师教育课程认证之申请指南》的指引开始准备申请书，其内容应涵盖以上五大认证项目。认证负责部门在申请书准备期间（每年4—6月）可为当年的认证候选机构提供认证咨询服务。申请书一般应于当年的夏季提交给课程认证委员会。

为确保评价的客观性，课程认证委员会随后会根据申请材料进行实地视察以收集真实而完整的评价资料。一般而言，实地视察是由课程认证委员会委员所组成的视学委员会负责。除了教育专家委员，文部科学省相关官员也必须同行。必要时，该大学所在的都道府县及市区的教育委员会也可参加实地视察。

2012年文部科学省制定了《对指定教师培养机构进行实地视察的规程》，目的就是要保证和提高教师教育课程的质量水准。此规程对实地视察进行了明确规定。实地视察以"教职课程认定基准""教职课程认定审查的确认事项"为依据，具体内容包括：教师培养的理念、教师教育课程设置的宗旨目的，教育课程内容及履修方法，教师队伍，设施设备（包括图书等），教育实习的实施计划、教育实习学校等，毕业生中被录用为教师的就职状况，该教师教育机构的指导状况，等等。进行实地视察的视学委员要对所视察的教师教育机构提出适切的指导和建议，并要求该机构提交改进措施。

根据实地视察的结果，课程认证委员和负责官员要撰写认证报告书并提交给文部科学省，同时反馈给教师教育机构，还要在文部科学省官方网站上公布视察结果，说明该教师教育机构对各项标准的达成情况。如果实地视察发现该教师教育机构的教职课程质量明显低于认定基准，可以提请文部科学大臣取消对该机构的认定。

二、对教师教育机构实施第三方认证评估

（一）第三方认证评估的推进历程

在 2003 年以前，日本教师教育质量保障体系都是采取上述课程标准认证的事前管理规制模式，即政府（文部科学省）首先制定大学设置基准，根据这个设置基准进行大学的设置认可审核，也就是准入资格的合格性审批。这种事前管控型的治理方式，着眼点在于尊重大学的自主性和自律性，政府相信通过标准设置认可的大学能够充分发挥自律精神，切实保证教育教学质量。从质量保证的视角看，这一治理方式在日本高等教育初建和扩充发展阶段，在确保一定程度的共同性和统一基准方面发挥了重要作用。但是，这种方式使政府只是局限于确认能开展教育活动的各种必要条件，难以直接保证学校在实际教学过程中提高教育的质量。

为了构建全新的高等教育质量保障体系，2002 年 8 月，日本改革了《学校教育法》，引入第三方认证评估制度，即文部科学省首先审批、认定一批第三方评估机构，然后由这些评估机构依据文部科学省制定的评估标准对各类大学的教育研究活动等情况定期实施评估，并将结果向社会公布。接受认证评估的大学则须根据评估结果认真开展整改，积极进行自我改革和自我完善。

但直到 2004 年，教师教育的认证评估才正式开始在文部科学省的整体高等教育评估体系下实行。从 2004 年 4 月起，日本所有的国立、公立、私立大学（包括短期大学）及高等专门学校（相当于我国的高职高专）都必须接受七年一次的质量评估，评估内容为教育研究、组织运营及设施设备等方面的综合情况。

2006 年 7 月，文部科学省又发布了更为全面、详细的政策文件，即中央教育审议会出台的《有关今后教师培养资格证许可制度》。该文件对教师教育的资格认证及质量评估做出了更为明确的规定，其内容涵盖认证评估的类型、机构、项目、程序等。对教师教育机构的教育

质量进行认证评估是日本教师教育质量保障体系建设的一个重要突破。

认证评估分为内部评估（internal evaluation）和外部评估（external evaluation）。前者的评估主体是教师教育机构自身，根据"教师资格许可课程认定审查基准"的要求，各教师教育机构都必须建立内部评估制度并设置负责评估的专门机构，比如"教师培养课程委员会"，以不断检视和反思师资培养课程，并根据学校、职场和社会的需求，不断调适、发展和改革课程。后者则是由教师教育机构根据自己的办学层次，自主选择具有相关认证资格的第三方评估机构来实施。

第三方认证评估主要是对已通过资格认证的教师教育机构的后续管理运营情况进行跟踪检核，即通常所说的对教育过程和质量进行定期检核评估，并确认此前资格认证和内部评估中所发现的问题是否得到处理。文部科学省要求所有已通过资格认证的教师教育机构定期进行自我评估并向外界（包括第三方评估机构）公布其自评报告，邀请有关第三方评估机构进行实地巡访，给出第三方认证评估。日本政府的教育管理机构即文部科学省不再直接参与评估，而是通过对第三方评估机构的评估资格的认定，确立有关评估机构的合法性和评估结果的权威性，以实现对教师教育质量的间接控制。

截至 2016 年，经文部科学省认定的有资格对大学层次的教师教育机构进行认证评估的第三方评估机构包括：大学基准协会（Japan University Accreditation Association，简称 JUAA）、大学评价与学位授予机构（National Institution for Academic Degree and University Evaluation，简称 NIAD-UE）、日本高等教育评价机构（Japan Institution for Higher Education Evaluation，简称 JI-HEE）。针对短期大学的评估机构，除了以上三个机构之外，还有短期大学基准协会（Japan Association for College Accreditation，简称 JACA）等。

这些第三方评估机构都有自己的专门认证要求，如日本第一个全国性高等教育评估民间组织——JUAA，要求凡申请加入的大学，必须通过该协会的"加盟判定审查"（类似资格合格认证），审查合格后才能成为会员。成为正式会员的加盟大学，10 年中还必须接受定期的相互评估，若评估结果不合格，则会被取消会员资格。

（二）第三方认证评估的特点与程序

下面以 JUAA 为例，介绍第三方认证评估的特点与程序，分析第三方认证评估对日本教师教育质量所起的保障作用。

1. 第三方认证评估的特点

成立于 1947 年的 JUAA 是由日本众多大学组成的一个民间组织，其宗旨就是以各会员大学的自主努力和相互援助为基础，致力于提高日本大学的教育质量。刚组建时，JUAA 只有 46 个会员（涵盖了国立、公立、私立三种性质的大学），且主要效仿美国的认证机构管理模式。在 JUAA 成立之后，文部省建立了"大学设置委员会"作为文部大臣的咨询机构和大学设置的审议机构。这个委员会后来先后改名为"大学设置审议会""大学设置、学校法人审议会"。文部省和 JUAA 达成了协议：在"大学设置、学校法人审议会"中，半数委员由 JUAA 推荐。因此，在日本高等教育评估活动中，JUAA 具有特殊的地位和作用。

JUAA 的会员分为两种，即正会员与副会员。正会员指在入会时接受并通过了 JUAA 常任认证委员会评估的会员。副会员指赞同或支持 JUAA 各种项目和活动的会员，它们可以不接受 JUAA 常任认证委员会的评估。1951 年 JUAA 开始对申请入会的大学实施认证评估。1996 年 JUAA 对认证体系进行了修改，增加了大学自我审查评估环节。2004 年 JUAA 被文部科学省明确认定为可对大学实施认证评估的机构，并在日本实施了第一次大学质量的认证评估。此外，JUAA 先后于 2006 年、2008 年被认定为可对短期大学、法律大学及研究生商学院实施认证评估的机构。目前，有 400 多所大学接受了 JUAA 严格的认证评估。

概括起来，JUAA 的认证评估的特点可总结为以下四点。

一是评估以绩效为主要参照，并严格按照标准执行，以确保认证质量。在实际操作中，JUAA 以各认证标准为依据对大学的教学及研究做出评估，判断各大学为实现自己的教育使命、目标等所付出的努力及达成度。

二是评估具有综合性。评估分宏观与微观两个层面，不仅有对具体学习领域的评估，也有对学校的整体性评估。JUAA 下设不同的委员会来负责不同的评估项目：教学评审委员会负责评估大学的教学计划、教学及科研条件；机构评审委员会负责评估大学的教育及科研体系、设施设备、图书馆、社会资助、学生服务、行政管理、人事等工作；财政评审委员会负责评估大学的财务管理等情况。这三个委员会各司其职，共同构成了 JUAA 认证评估的"三道关口"。

三是重视同行评估。JUAA 的评估成员主要来自会员大学。来自会员大学的人员直接参与对大学的认证评估能保证认证评估的精确性和有效性。当然，出于对客观性及公正性的考虑，JUAA 评估成员的核心力量则是一些来自会员大学以外的知识渊博且有丰富认证评估经验和专长的人员。

四是在评估后提供持续协助。按照规定，大学每隔 7 年需接受至少一次认证评估。JUAA 在评估工作结束后会为大学提供一份详细的改进意见书，大学则按照意见书进行整改，JUAA 也会负责对整改工作进行评估。这些都是 JUAA 通过评估持续协助大学提高质量的体现。

2. 第三方认证评估的程序

JUAA 根据《学校教育法》《大学设置基准》《学位规则》《〈学校教育法〉实施规则》等教育法规制定自己的认证评估标准，再根据认证评估标准确定评估项目，最后基于各评估项目提出详细的评估视点。评估视点是大学开展自我审查评估时的参考和依据。

JUAA 的认证评估涉及方方面面，包括大学的教育理念及目的、教育研究组织管理、课程与教学、学校招生、学生生活、研究环境、社会贡献、教师队伍、事务管理和组织保障、设施设备、图书及电子媒体、财务、自我审查评估、信息公开、责任说明等。

按照评估前、评估中、评估后三个阶段的工作安排，JUAA 的认证评估程序主要包括以下九项。

（1）确定申请资格。申请机构只有在达到一定的办学年限后才有资格向 JUAA 提出认证评估申请，具体要求为：该教育机构标准学习年限 +1 年。比如说，2020 年具备申请资格的四年制大学必须是在 2015 年以前开始招生的学校。之所以"+1 年"，是为了留出充分的时间让申请机构完成必要的事前准备工作，如开展自我审查评估。

（2）提交申请资料。以 2020 年参加评估为例，申请机构须于 1 月 7 日至 1 月 29 日提交《大学认证评估申请书》，并于指定日期内提交《自我审查评估报告书》、《专任教师的教学及科研业绩表》、《大学基本数据表》、招生制度、学校简介、课程内容、课程学习要求、课程表、各种规章制度等。2 月至 3 月，JUAA 向符合受理要求的申请机构发出受理通知。4 月，被受理的申请机构缴纳评估费用。

（3）开展书面评估。6 月至 9 月，JUAA 对申请机构做出书面评估，从申请机构的办学水准及目标达成度两方面进行综合评估。

（4）进行实地视察。为了深入了解申请机构独具特色的设施设备及教育科研等情况，收集更加充分的信息及资料以确保评估结果的妥当性，JUAA 于 9 月下旬至 11 月上旬到申请机构进行实地视察，具体内容包括和学校领导面谈（解答疑问及交换意见）、考察设施设备、听课、举行师生座谈等。

（5）拟定评估结果。实地视察结束后，JUAA 于次年 1 月上旬拟定评估结果并告知申请机构。如对该评估结果不满或有异议，申请机构可于 1 月中旬至 1 月下旬的指定日期内提出申诉。

（6）公布评估结果。在考虑申请机构意见的基础上，JUAA 于次年 3 月出具一份包含认证评估结果、总评及建议三部分内容的《大学认证评估结果报告书》。除将其寄送至申请机构外，JUAA 还要将其上报文部科学省备案及向社会公示。申请机构如对该最后评估结果不满或有异议，可于两周内提出申诉。

（7）编写《整改报告书》及《完成整改报告书》。以 2020 年参加评估为例，2024 年 7 月以前，申请机构须就 JUAA 所提的评估建议撰写《整改报告书》，提出具体改进措施。所有措施落实后，申请机构要撰写《完成整改报告书》，汇报整改效果。

（8）审查《整改报告书》及《完成整改报告书》。以 2020 年参加评估为例，2024 年 8 月至 2025 年 3 月，JUAA 会对这两份报告书进行讨论和评价，并通知整改措施不当、改进效果不佳的机构重新整改。

（9）在形成评估结果的过程中，如果 JUAA 对申请机构做出保留认证评估的判断，以 2020 年参加评估为例，申请机构须在 2023 年 6 月以前根据保留认证评估的要求撰写《整改报告书》，提出具体整改措施。保留期最长 3 年，保留期满，JUAA 将对申请机构的整改措施及其效果予以评估，拟定二次评估结果。2024 年 1 月上旬，JUAA 会形成二次评估结果。申请机构若对二次评估结果不满或有异议，可于 1 月中旬至 1 月下旬提出申诉。

（三）第三方认证评估的具体案例

下面以 JUAA 对宫城教育大学的认证评估为例进行介绍。成立于 1965 年 4 月 1 日的宫城教育大学是日本东北地区唯一的教育大学。除担负着中小学教师培养任务外，该校还联合宫城县教育委员会及仙台市教育委员会，共同致力于在职教师的培训工作，研究和解决发生在教学一线的教育问题。经过 50 多年的课程建设与结构调整等，今日的宫城教育大学致力于培养三种不同类型的教师，其课程也因此分为三种类型，即初等教育教师培养课程、中等教育教师培养课程和特殊教育教师培养课程。

1. JUAA 对宫城教育大学的认证评估

在历时 1 年多的评估过程中，JUAA 对宫城教育大学进行了全面严格的审查评估，并最终制作了符合 JUAA 大学评估标准的结果报告书。这份报告书分为三部分：认证评估结果、总评、建议。在总评部分，JUAA 对宫城教育大学的教育理念及目的、自我审查评估、教育研究组织、教育内容及方法、学校招生、学生生活、研究环境、社会贡献、教师组织、事务管理和组织保障、设施设备、图书及电子媒体、财务、信息公开、责任说明等一一做了评估鉴定。在建议部分，除对宫城教育大学具有鲜明特色的地方给予了肯定评价外，JUAA 也针对它的一些不足之处提出了改善建议。下面列出的是 JUAA 对宫城教育大学本科层次教师教育课程的认证评估结果及相应建议。

第一，课程方面。课程分为基础教育课程、教养教育课程、专门教育课程三大板块。通过三大板块，教育理念、教育目标得以清晰体现。为充实学士课程教育，在培养所有学生的基础知识及教养知识的同时，宫城教育大学设置了专门教育课程。在教养教育课程方面，宫城教育大学开设了诸如"学校饮食""人类本性"等针对当前教育课题的科目。此外，在整个教学过程中，宫城教育大学既加强针对多数学生的教育，也重视对个别学生的辅导（个别化教学），提供了细致周到的教学指导。生涯教育综合课程中的各科目保持了一贯性。从学生入学时的新生指导教育，到研究指导教师的配备，再到个别指导体制等，学校的研究指导体制比较完备。此外，凸显教师教育课程特征、以全体学生为对象的观察实习（一年级开设）及体验实习（二年级开设），不仅为三、四年级的真正实习奠定了基础，同时也有助于提高学生实践能力。JUAA 建议学校以后能构建起更有针对性的，贯穿从入学直到毕业整个大学四年的新型教师教育实习体系。

第二，教学方面。学校能充分利用自己的网站多途径地开展及完善教育，在制订教学改善计划的同时，积极配合组织管理上的努力，开展了适当的自我审查评估活动。尤为值得一提的是让学生参与教学评估，为教师提供合理反馈，把以此为基础制作的评估报告书放在学校网站上，向校内外公示。但是，学校没有设定学生每学年可选择的科目总数。因此，JUAA 希望学校能研究出使学习科目在四年间均衡分布及明确各科学习情况的方案。

第三，学位授予方面。学位授予方针与学校的理念及目的不是十分相符，但学校还是据此制定了比较具体的学位授予规章制度。

2. 宫城教育大学评估后的整改措施

针对 JUAA 认证评估结果中的建议，宫城教育大学表示会做出整改，提出了具体的改善措施。以实习为例，结合学生一年级的观察实习及二年级的体验实习，宫城教育大学在一、二年级中分别增设了"教育实践体验研讨""实践研究"等科目。这样一来，学生便可把科目的理论学习和教育一线的实践体验有机结合，真正做到将理论应用于实践，用实践检验理论。

综上所述，JUAA 等第三方评估机构是经文部科学省审批认可的专业性评估机构，作为权威的半官方性质的评估机构接受文部科学省的委托，针对进行教师教育的大学进行整体性和分专业领域的评估。这样的评估，成为日本教师教育质量保障体系的重要一环。

三、教师教育机构实施自主自律性质量评估

在开放型教师教育模式下，日本出现了数量庞大和多样化的教师教育机构。为了确保教师培养的质量，除了对教师教育机构进行课程认证和定期的第三方认证评估之外，日本还构建了教师教育机构自主自律性内部质量保障评估体系。从 2010 年起，东京学艺大学牵头，历经 4 年时间，针对 600 多所进行教师培养的本科大学开发了这一评估体系。该评估体系针对教师教育机构设定了包含 5 个领域、13 个标准、40 个视点的评估指标。

5 个领域分别为：第一，在全体成员对教师培养目标、办学理念形成共识的基础上，教师教育机构对教师培养采取了具有主体性的积极举措；第二，教师教育机构能够通过有效的方法手段，确保培养合格的适合担任教职的人才；第三，教师教育机构为教师专业成长和职业生涯发展提供支持；第四，教师教育机构对教师培养课程不断进行建设、改进与管理创新；第五，教师教育机构使儿童青少年教育课题与大学教育建立了密切关联。

（一）评估领域一

在全体成员对教师培养目标、办学理念形成共识的基础上，教师教育机构对教师培养采取了具有主体性的积极举措。该领域具体包括 4 个标准。

标准 1-1　在教师培养上，全体机构成员持有共同的教育理念。

具体评估视点包括：

视点 1-1-1　对于该机构所要培养的未来教师的形象，全体成员能够有共通的理解。

视点 1-1-2　对于符合该机构办学理念的教师教育，全体成员达成了共识。

视点 1-1-3　全体成员能够共同认识到该机构是在"为国家的公共教育培养教师"。

视点 1-1-4　在该机构的学生培养目标中，"教职"是其中的一个主要就业出路。

标准 1-2　在教师培养的课程编制、设置上，具有创新性的方法。

具体评估视点包括：

视点 1-2-1　该机构制定了明确的毕业认定、学位授予方针。

视点 1-2-2　该机构的招生录取、教育课程和毕业认定、学位授予方针具有连贯性和一体性。

视点 1-2-3　该机构构建了教师教育活动与外部社会之间的积极关联性。

标准 1-3　在教师队伍建设上，对组织管理体制进行了改革创新。

具体评估视点包括：

视点 1-3-1　构建了理论研究型教师与具有丰富学校一线实践经验的教师的共同指导体制。

视点 1-3-2　包括负责行政、办公等的事务类组织，全体教职员形成一个支持学生学习的整体性组织管理体系。

标准 1-4　在教师培养课程上，构建并运用了自律性的、常规性的改进完善系统。

具体评估视点包括：

视点 1-4-1　把握学生的教师职业意向，并把这些职业意向积极运用于本科教师教育的改进与完善。

视点 1-4-2　针对该机构教师培养的方式方法和教学手段，构建了常规性的重新评价、修正完善机制。

视点 1-4-3　该机构培养的教职（师范类）学生人数在适度、合理的范围内。

视点 1-4-4　为提高课堂教学的质量，该机构采取了有组织、有针对性的对策。

（二）评估领域二

教师教育机构能够通过有效的方法手段，确保培养合格的适合担任教职的人才。该领域具体包括 2 个标准。

标准 2-1　在面向学生引入教职课程时，不断研究创新，充分运用新的有效方法和手段。

具体评估视点包括：

视点 2-1-1　制定了能够吸引、汇集适于担任教职的人才的招生录取方针。

视点 2-1-2　对适于担任教职、志愿成为教师的学生，实行公开招募、选拔、自主招生等切实的办法。

视点 2-1-3　在确保培养胜任教职的人才方面，致力于出台常态化的、制度化的改进和完善措施。

标准 2-2　对专修或选修教职课程的学生以及有教师职业志向和意愿的学生，给予适切的支持、援助和指导。

具体评估视点包括：

视点 2-2-1　充分掌握有教师职业志向和意愿的学生的学习需要与诉求（围绕教师职业需要的素质能力、情感态度、积极主动性等方面设置学习课题）。

视点 2-2-2　对有教师职业志向和意愿的学生进行切实有效的学习指导。

视点 2-2-3　对被判断为从事教师职业的素质禀赋、能力不足的学生进行切实有效的指导。

（三）评估领域三

教师教育机构为教师专业成长和职业生涯发展提供支持。该领域具体包括 2 个标准。

标准 3-1　学校能够全面掌握学生对教师职业的意愿、情感态度与相应的素质能力情况。

具体评估视点包括：

视点 3-1-1　时常了解并掌握在籍学生对教师职业的思想认识、情感态度、意愿。

视点 3-1-2　随时都能掌握在籍学生所具有的教师职业素质能力的情况。

视点 3-1-3　在了解和掌握每一个学生需求的基础上，提供具体的、有针对性的、适切的职业成长支持。

标准 3-2　不断完善、充实支持教职课程学习指导的组织体制和系统保障。

具体评估视点包括：

视点 3-2-1　向学生适当提供关于新教师入职的各种信息。

视点 3-2-2　根据教师培养成果的检验评估要求，建立健全进一步改进和完善的体系。

视点 3-2-3　并不只是以让学生取得教师资格许可证和通过教师录用考试为目标，而是致力于提供多种多样的教师专业成长和职业生涯发展的支持。

视点 3-2-4　为在籍学生建立精神和心理支持体系。

（四）评估领域四

教师教育机构对教师培养课程不断进行建设、改进与管理创新。该领域具体包括 2 个标准。

标准 4-1 大学的自律性与教职员队伍的质量保障、教育课程内容的充实。

具体评估视点包括：

视点 4-1-1 构建与大学相符合的自律性管理运营体制。

视点 4-1-2 在广博的通识教育基础上，为学生提供具有高度专业性的课程。

视点 4-1-3 教授们的研究成果和教育教学内容能有机地联系起来。

视点 4-1-4 对于该机构的办学理念和目标，全体组织成员在思想认识上都能理解认同。

标准 4-2 营造具有创造性的发现问题、解决问题的学习环境，完善授课方法。

具体评估视点包括：

视点 4-2-1 致力于不断研究创新促进学生自身主动发现问题、解决问题的学习模式。

视点 4-2-2 构建合适的环境和场所，以培育学生通过协作发现问题的能力、解决问题的能力和与他人协商达成共识的能力。

视点 4-2-3 提供能够培养学生研究志向的课程。

（五）评估领域五

教师教育机构使儿童青少年教育课题与大学教育建立了密切关联。该领域具体包括 3 个标准。

标准 5-1 对学校一线教学现场的深刻理解和对教育实习的强化。

具体评估视点包括：

视点 5-1-1 提供建立从公共教育政策制度研究到学校一线现场

之间宽广视野的机会。

视点 5-1-2　为学生创设在教育的实际场景中接触体验、实习的机会。

视点 5-1-3　培养各种教师资格许可证要求的实践指导能力。

标准 5-2　不断研究、充实强化、发展创新有关教学体验的反思和课程结构的内容。

具体评估视点包括：

视点 5-2-1　提供各种各样的体验活动，形成教育实践反思与理论认识循环往复的机会。

视点 5-2-2　给儿童青少年提供在各个发展阶段所需一线教育实践的信息。

标准 5-3　构建并强化与各相关教育机构的携手合作和互助支持体制机制。

具体评估视点包括：

视点 5-3-1　构建教育委员会、学校和大学之间的组织化的合作体制。

视点 5-3-2　招聘和录用与该机构的教师培养目标相适合的具有丰富实际教育教学经验的学校现场的指导教师。

上述评估体系是日本在开放型教师教育模式下建立的全国统一的教师教育机构自主自律性内部质量保障评估体系。它的鲜明特点是，面向所有从事教师教育的机构，以相互约定的教师教育专业质量标准为基本准绳，以自我评估和相互评估为主要方式，建立源于教师教育机构自身主体性的自律性内部质量保障。

四、日本教师教育质量保障体系的特点

（一）从法规和课程标准出发构建评估体系

"标准本位"在当今很多国家的教师教育评估实践中扮演着越来越重要的角色，因为从标准出发进行评估能确保评估的质量。JUAA 的教

师教育机构评估标准就是依据日本国内数部权威的教育法规条例要求而制定的。JUAA 所有的认证评估标准都是在《学校教育法》《大学设置基准》《学位规则》《〈学校教育法〉实施规则》等法规基础上制定的，这就从源头上保证了 JUAA 评估内容的科学性和专业性，基于此得出的评估结果也更具说服力。如果评估机构在制定评估内容、建立评估体系时缺乏法律依据和相关科学标准，其评估结果的信度和效度都必将大打折扣。

（二）内部评估与外部评估相结合

和 NIAD-UE、JACA 及 JI-HEE 一样，JUAA 也非常注重内部评估与外部评估的结合。大学通过自我审查评估，可以发现自身不足，促使教职员共同努力并最终找出改进和完善的对策，这与外部评估所提供的改革建议相比更具妥当性和针对性。更重要的是，在自评过程中，教师的相关专业能力得到了发展，知识得到了扩充。从问题的发现到问题的提出、商议，再到问题的解决，自评过程成了教师自主自律开展研究的过程。如果教师以此为契机，不断开拓创新，势必能为自身与所在大学带来质的飞跃。

（三）强调评估后的整改措施和效果

从 JUAA 的认证评估中可以看到，申请机构即使通过了认证评估也须就 JUAA 的建议提出整改措施，并汇报整改效果。而被评定为保留评估结果的申请机构则须在一定期限内提出整改措施，JUAA 在保留期满后会对其做出二次评估。很明显，想一步到位或一劳永逸地通过 JUAA 的认证评估是不可能的事，申请机构不仅须在评估开始前做好充分的准备工作，也须在评估结束后持续完善整改措施并汇报整改效果。这不是 JUAA 一家的要求，而是日本所有第三方评估机构的共同要求，这也充分凸显了日本教师教育质量保障体系的闭环特征。

五、构建教师教育质量保障体系的路径选择

百年大计，教育为本。教师是立教之本、兴教之源。新时代我国进入了着力提高教育质量的关键阶段，而教育质量的提高很大程度上取决于高质量的教师队伍，建立一套完整的系统性的教师教育质量保障体系是高质量教师队伍建设的必要条件。日本教师教育质量保障体系涵盖了教师教育质量保障管理事前、事中、事后的完整评估体系，它走出了一条从传统的一元行政化管理模式到多元参与的教师教育质量保障体系的建设之路。其中 2004 年以后日本在标准本位的开放型教师教育体系中建构的教师教育认证评估制度，对我国完成教师教育事业的主要任务——"构建以教师教育标准体系为核心的教师教育质量保障制度"具有参考价值。

（一）开展对教师教育机构的认证评估

我国并无专门的教师教育认证评估机构，对全国教师培养机构所实施的教师教育的质量认证主要依托由教育部组织实施的高等学校本科教学工作水平评估。该评估的适用范围是所有普通本科院校，但是，与其他高等教育机构相比，教师教育机构有着独特性。用一套指标体系去评估有着不同服务对象和不同侧重点的所有院校，难免有失公平。因此，专门针对教师培养机构的教师教育认证评估制度亟待建立。JUAA 认证评估，从评估内容的制定到实际操作，对于我国建设教师教育质量保障体系都有值得借鉴的地方。

正如日本 2006 年的《有关今后教师培养资格证许可制度》中所强调的，所谓"认证评估"是"确认一个机构及其所提供的某项教师职前培养课程达到一定的参照标准"。这意味着，教师教育质量评估的前提是参照标准的确立，因此标准的研制可谓整个教师教育质量评估制度的奠基工程。

而当前我国尚无专门的教师教育评估标准，目前承担教师职前培

养职责的机构较为多元，除了师范大学、师范学院、师范专科学校和中等师范学校外，其他各类机构包括综合大学/学院、理工大学、科技大学、农业大学、体育院校、艺术院校、中等/高等职业技术院校、开放大学等都参与了教师职前培养。我们应对教师教育机构进行全面的资格认证，加快建立教师教育质量评估制度。当务之急是研究和制定教师教育质量的评估标准和教师教育机构的资质认证标准，以规范教师教育机构办学，保障教师教育质量。

（二）确立教师教育质量评估的法律与制度规范

当然，教师教育的质量保证从来都不是单一的标准问题，而是一个需要政策支持和制度保证的系统建构问题。标准出台后的后续政策行动和制度规范的建构才是决定标准能否导向教师教育质量保障制度化实践的关键。正是基于这个认识，日本政府在整个教师教育认证评估制度建构过程中扮演的主要角色就是制定有关评估的法规和政策（如前文中的两大"基准"和两项"规程"），为相关标准发挥其对教师教育实践的导向和制约作用提供合法性基础。

我国的教师教育想要跳出科层制教育管理的窠臼，弥补教师教育质量评估的缺失，需要不断推进教师教育管理的法制化，以保障教师教育质量管理的科学性。

我国在研究制定教师教育质量评估标准时，首先应尽快着手确立配套的制度规范，明确评估认证的目的、对象、标准、组织、人员构成、程序、方式、结果报告及其运用等，使整个教师教育质量评估有法可依、有章可循。

（三）设置和发展教师教育质量评估的专门负责机构

在日本，教师教育认证评估主要由一些经过国家认证的专业机构来进行。这是日本近年来转变政府的行政职能，尝试用"国家监督模式"取代"国家控制模式"，以实现市场竞争机制和国家宏观调控之间的平衡的重要举措。而这些专门机构通过将不同的利益相关者（包括教师教育机构代表、中小学等用人单位、专业人士、教育官员等）引入教师教育认证评估的实践中，平衡不同利益群体的价值诉求，不仅使教师教育认证评估的公共性和专业性得到了保障，也使评估结果的公信力得到了提高。

我国没有专门的教师教育认证评估机构，既有的高等教育教学质量评估依然是以单一评价主体为主导的。未来应设置和发展专业性的教师教育认证评估机构，积极引入不同利益群体的代表，系统研发评估标准与认可制度，制定相关评估法规，规划与实施评估活动，不断提高评估品质，以获得社会大众的认可与信赖。唯有如此，教师教育认证评估的结果才能真正影响到整个教师教育领域，尤其是影响到教师教育机构的招生、用人单位的聘任和教育资源的流向。

（四）促进教师教育机构自主自律性质量保障体系的建立

对教师教育质量保障体系的构建来说，最重要的是教师教育机构自身对教育质量的认知程度，所以，建立由内而外的教师教育机构的自律性自我评估制度也是非常重要的。

日本教师教育改革即着力于依靠市场的力量来培育人们对教师教育认证评估制度的认同，促进教师教育机构的质量意识的觉醒，使其自觉引进评估机制，不断地进行自我评价和自我改进。

除了在文化认知方面的引导，我们需要进一步考虑的是，如何将教师教育机构的自我评估与其他评估主体所主导的外部评估结合起来，使二者发挥协同作用。日本将自我评估机制的规划与实施列为教师教育机构认证评估的项目的做法，就值得我们借鉴参考。另外，要求申请校外认证评估的教师教育机构必须提交三年内的学校自我评估报告亦是一种有力举措。

第四章　推进大学教师队伍管理改革

20世纪90年代以来，在以"全球化""市场化""法人化"为关键词的日本大学改革时代，日本政府对本国的高等教育政策、管理模式以及政府职能进行了重新规划，对大学从政府调整、市场调整、机构调整、专家调整四个层面进行了系统的结构改革，其中对大学教师队伍的管理，特别是对大学教师队伍的人事管理、资源配置方式、组织构成模式等进行了富有战略性和效率的改革。本章以此为焦点，考察改革呈现出的流动化、多样化和国际化等鲜明特征及未来发展趋势，以为我国大学教师队伍管理提供参考和借鉴。

一、日本大学教师队伍管理改革的背景

"二战"后日本大学教师队伍的形成与变革，与日本高等教育的发展进程和世界经济全球化、市场化对日本高等教育的影响等紧密相关。

首先，从日本高等教育自身的发展阶段来考察，伴随着社会经济的发展，大约每隔15年形成一个周期。根据特罗（M. Trow）的高等教育发展理论，山野井敦德等研究者将"二战"后日本大学的发展进程分为五个阶段（见表4-1）。[①]

表4-1　"二战"后日本大学的发展阶段划分

时间	周期名称	发展阶段与高等教育入学率
1945—1960年	第一期：新制整备期	精英阶段：15%以下
1960—1975年	第二期：高度成长期	大众化阶段（1）：15%—38%

①　山野井敦德. 戦後日本の大学改革と大学教授市場の変化［C］//日本高等教育学会，広島大学高等教育研究開発センター. 日中高等教育新時代. 広島：株式会社タカトープリントメディア，2006：460.

续　表

时间	周期名称	发展阶段与高等教育入学率
1975—1990 年	第三期：抑制增长期	大众化阶段（2）：38%—37%
1990—2005 年	第四期：结构改革期	大众化阶段（3）：37%—50%
2005—2020 年	第五期：重新整编期	普及化阶段：50%以上

从表 4-1 中纵向的整体发展过程来看，日本高等教育由精英阶段走向大众化阶段的进程非常迅速。与之同步，日本大学教师队伍的规模也迅猛扩大，1950—2005 年本科及专科大学的教师人数呈现出了近 12 倍的增长态势（见表 4-2）。

表 4-2　"二战"后日本大学数、大学教师数的变化①

年份	本科（专科）大学数（所）	本科（专科）大学教师数（人）
1950 年	201（149）	11534（2124）
1970 年	382（479）	76275（15320）
1980 年	446（517）	102989（16372）
1990 年	507（593）	123838（20489）
2000 年	649（572）	150563（16752）
2005 年	726（488）	161690（11960）

根据表 4-2，如果以 1950 年为起点计算，截至 2005 年，日本的本科及专科大学数合起来增加了 2 倍多；而大学教师人数在本科阶段增加了 13 倍多，在专科阶段增加了 4 倍多，大学教师总数增加了近 12 倍。显而易见，伴随着日本高等教育的大众化发展进程，日本大学教师队伍也迅速实现了数量规模的扩大化。因此，在 1990 年至 2005 年的日本大学结构改革时期，对大学教师队伍整体重新进行规划管理成为改革的主题之一。

其次，从世界经济全球化、市场化的发展对日本高等教育的影响

---

① 文部科学省．文部科学统计要览：平成 18 年版［M］．東京：国立印刷局，2006：22-23，28-29，93.

来看，20世纪90年代之后，日本高等教育面临着以下四个方面的问题。第一，资金的市场化。1991年以后，由日本经济不景气所引起的财政困难，使得政府对高等教育的资金投入不断削减。大学必须靠自己来确保资金充足。第二，经营的市场化。人们对大学管理运营中是否有过多的浪费提出了越来越多的质疑，要求通过引入经济管理因素与手段来改善大学经营的效率。因此，大学的组织管理和整体评价开始备受重视，政府日益强调经费划拨过程中的竞争性，高度重视经费的使用效率并积极建立使用效率的评价机制。第三，"出口"即就业的市场化。日本经济的持续萧条，直接造成了毕业生的就业难问题。特别是21世纪的最初几年，大学毕业生就业难问题已成为一个亟待解决的高等教育与社会职能相联结的课题。大学教育必须对学生将来的就业有帮助，职业教育和为了获取职业资格的教育已成为大学的支柱。[①]第四，"入口"即入学的市场化。根据文部科学省2017年发布的统计数据，日本18周岁学龄人口，1992年达到205万人高峰之后迅速减少，2001年已经减少到151万人，2011年减少到120万人，10年内下降了20%，预计到2030年将减少到101万人。[②] 由此预测，大学将会出现供给过剩。这些问题给日本的大学乃至整个高等教育的结构和功能带来了严峻挑战，对大学的管理进行改革已是势在必行。

日本大学教师队伍与日本大学系统一样，均表现为鲜明的二元结构。日本大学系统是由政府主导型的国立大学（约占20%）和市场主导型的私立大学（约占80%）构成的。[③] 这种二元结构模式从明治时期以来便具有等级结构性质，就像一座耸立的金字塔，国立与私立两个部门之间具有明确的排序，大多数私立大学被认为处于国立大学的

① 矢野真和. 高等教育的经济分析与政策［M］. 张晓鹏，等译. 北京：北京大学出版社，2006：259.

② 文部科学省. 文部科学统计要览：平成29年版［M］. 東京：国立印刷局，2017：240-241.

③ 荒井克弘. 日本における私立大学の供給メカニズム［C］//日本高等教育学会，広島大学高等教育研究開発センター. 日中高等教育新时代. 広島：株式会社タカトープリントメディア，2006：495.

下位。处于金字塔顶端的是以东京大学、京都大学为代表的国立综合性大学，其余依次是地方国立大学、巨型私立大学、规模小的地方私立大学。

"金字塔形"的大学教师队伍结构，则具有鲜明的等级性、封闭性和僵硬性，已经无法适应日本高等教育大众化的快速发展和市场化对日本高等教育的迫切要求。因此，日本政府以经济学的契约理论和新公共管理理论为基础，对大学的管理模式进行了大刀阔斧的改革，将原来的政府设施型管理（大学是政府组织的一部分，受政府直接的行政控制）转变为"契约-评估型"管理（政府预先设定一定时期内的目标，以评价大学达标情况），这促使大学必须自主自觉、全面承担起经营管理责任，教师队伍管理改革则成为重头戏。

二、日本大学教师队伍管理改革的内容

日本在大学整体结构改革中，对大学教师队伍管理从政府调整、市场调整、机构调整、专家调整四个层面进行了重点改革。

（一）政府调整层面

实行"契约-评估型"管理，从制度上改革完善大学教师任期制、职位体系、资质与职能开发等方面的建设。

2004 年日本开始对大学实行法人化改革，引入竞争资金机制。资源配置方式由供给导向转为竞争导向，由自动地平均分配模式向以绩效为目标的竞争性模式转变。法人化改革前，国立大学运营所必需的资金全部由日本政府负担，大学教师的工资，虽然根据大学所在地或是否拥有研究生院等条件，略有差异，但基本上都是按照国家规定的统一标准来确定。法人化改革实施后，政府根据不同大学的绩效有侧重点、有倾斜地进行资金分配。所有国立、公立大学按照文部科学省制定的 6 年中期目标，制订各自的年度计划和为期 6 年的中期计划。6 年之后，总务省和文部科学省以及大学审议会、中央教育审议会等其

他评估和检查机构对大学实施评估，政府根据评估结果向大学分配运营资金。这项措施改变了以往文部科学省主要根据每年大学教职员的编制数和学生人数以及上一年度的预算数额对大学进行拨款的做法。

大学法人化改革首先废除了大学教职员的定编制，把教师的人事权、管理权从文部科学省转移到了大学。教师身份由国家公务员转变为非公务员，教师人事雇佣由终身制转变为任期制，教师待遇由年功序列制转变为贯彻业绩成果主义，特别是教师的工资、奖金和科研经费等方面的待遇转为直接由各国立大学法人决定。例如，广岛大学在实施法人化改革之后，将原先完全按照教师人数分配的研究经费划分为两部分：一部分称作"基础研究经费"，约占全校研究经费总额的60%，这部分像以往一样，按照教师人头分配；另一部分（即其余40%）称作"特别研究经费"，改为通过竞争获得，即根据各学部教师的申请，由负责学术的副校长以及各学部部长等通过评议决定分配额。① 财务预算和经费管理运作都将以教师的绩效责任达成度为主要依据，运用科学量化的评价手段对教师专业能力和工作业绩实施评价，并将评价结果与教师科研经费分配、职务提升、薪水增加以及终身教授职位的授予等联系起来。

为深入推进改革，日本政府在大学教师队伍管理的相关法律制度建设上殚精竭虑。对《大学设置基准》进行了多次修订，特别是在2004 年的修订中，明确引入大学认证评估制度，强调国立、公立、私立大学都必须实行自我评估（内部评估），并有义务接受第三方评估机构的认证评估（外部评估），其中对大学教师实施的绩效考核制度是内外部评估的重要内容。2005 年日本修改了《学校教育法》，增设了"准教授"（日本使用的英文译名为"associate professor"，相当于我国大学的"副教授"）和"助教"（日本使用的英文译名为"assistant professor"，相当于我国大学的"讲师"）两个大学教师职位，并明确了

① 参见黄福涛. 法人化与日本国立大学内部管理改革［EB/OL］.［2006-06-13］. http：//edu. sina. com. cn/l/2004-06-16/73162. html.

各职位教师的资格和责任。2007 年 7 月日本对《大学设置基准》再度进行修订，明确将大学教师的资质与职能开发制度化，并规定从 2008 年 4 月 1 日开始在所有大学组织中施行。①

（二）市场调整层面

加强教师人才市场的流动性、开放性，旨在形成多样化、竞争型的大学教师市场结构。

从上文可知，日本的大学教师队伍在"二战"结束后不断扩大。这种数量上的急剧增长，使大学教师市场的供求结构发生了巨大变化，由少数大学垄断大学教师市场的形态逐渐崩溃，大学教师队伍的多样化格局正在形成。例如，在新制整备（即启动建设）期（1945—1960 年），东京大学、京都大学、东京学艺大学这三所大学的毕业生占据了大学教师市场供给量一半以上的份额。1953 年，东京大学毕业生占大学教师市场供给量的约 30%，换言之，3 个大学教师中便会有 1 个是东京大学毕业生。这个比例在 1961 年下降为 25%，1981 年下降为 15.4%，到 2001 年更降至 11.4%。② 东京大学的垄断被打破，早稻田大学、庆应义塾大学、日本大学等私立大学毕业生的市场占有率稳步上升，意味着日本教师队伍开放性程度和流动化趋势不断增强。

究其主要原因，天野郁夫曾明确指出，在等级结构下，大学之间的竞争，最根本的还是围绕社会威信排序方面的地位之竞争，问题是这种威信的源泉在日本表现为对毕业生的就业指导与对入学者的选拔功能。"更具体地说，到大企业的就业率与入学者的'偏差值'至少是学生及其家长给各个大学的威信排序的最重要的制约因素。极端地说，大学的社会评价是由选拔（入学）、毕业（就业）这一入口与出口来

---

① 中央教育審議会. 大学設置基準等の改正についてのの答申［EB/OL］.［2006-06-13］. http://university. main. jp/blog5/archives/2007/07/post_365. html.

② 山野井敦徳. 戦後日本の大学改革と大学教授市場の変化［C］//日本高等教育学会，広島大学高等教育研究開発センター. 日中高等教育新時代. 広島：株式会社タカトープリントメディア，2006：463.

决定的。对一般人来说，它有时就是最能看得见的'质量'的指标。"① 因此，从市场取向出发，日本的私立大学多致力于学生入学与就业两方面的改革，甚至比国立大学更能及时地适应新时代的市场要求和学生意识的变化，对开设新兴学科以及与未来职业领域密切关联的学科、学部都采取积极的态度。从毕业后的就业机会来看，日本大企业录用的应届大学毕业生，在数量方面占多数的是私立大学毕业生，国立大学（特别是文科类的学部）毕业生的绝对优势已经丧失。

因此，20 世纪 90 年代以来，在市场因素的作用下，日本高等教育等级结构又形成了较为明确的新模式，构成其主线的是国立大学地位的下降（特别是地方国立大学社会威信的下降）与私立大学地位的上升（特别是地处大城市的规模大的私立大学社会威信的提高），这种国立与私立两个部门的相对地位的变化，带来了教师队伍结构的变化，它增强了大学教师在大学之间特别是国立大学与私立大学之间的流动性。以前，教师从私立大学流动到国立大学，几乎无条件地被看作"提升"了，但现在骨干教师从国立大学流动到私立大学已不稀奇，特别是从小地方的国立大学流动到大城市的私立大学已经被看成平行流动，甚至是"提升"了。

日本前文部大臣永井道雄曾建议将"富士山形"（只有一个顶点，即"金字塔形"）的大学教师队伍结构逐渐改变成"八岳山形"（连峰、有多个顶点，即"多样等高形"）的竞争型结构。现在日本这种多样化的大学教师队伍格局实际上已经初步形成。

自 1997 年日本国会正式通过实行大学教师任期制的法律②以来，许多大学为了开设更加实用的课程以应对社会和市场的需要，聘任越来越多的校外产官学专家（如民间私营企业、行政管理部门、校外研究机构和个体经营行业等领域的专家）加入大学教师队伍。高等教育

① 天野郁夫. 高等教育的日本模式 [M]. 陈武元，译. 北京：教育科学出版社，2006：251.

② 文部科学省. 大学の教員等の任期に関する法律について [EB/OL]. [2006-06-13]. http://www.mext.go.jp/b_menu/houdou/09/06/970602.htm.

评估机构对大学师资力量的评估结果更加证实了这一点。2001 年数据显示，曾在公共部门、私营部门和大学以外研究部门工作过的大学教师比例分别为 33.7%、31.5% 和 27.5%。2004 年，曾在公共部门和私营部门工作过的大学新教师比例在大学和专科院校分别达到了 38.7% 和 31.6%。① 这种从大学外部引进优秀人才的做法，也是日本大学教师队伍形成多样化格局的重要举措之一。

日本大学教师队伍的变化还表现在性别构成上。女教师比例呈现倍增态势，平均水平从 1955 年的 5.2% 增加到 2005 年的 16.7%、2017 年的 23.7%。2005 年的大学统计数据显示，校长 699 人（女性占 7.6%），副校长 620 人（女性占 5.2%），教授 64940 人（女性占 10.1%），副教授 38076 人（女性占 17.0%），讲师 20451 人（女性占 24.1%），助手 36904 人（女性占 24.2%）。② 2017 年大学统计数据显示，校长 743 人（女性占 10.6%），副校长 1299 人（女性占 10.9%），教授 69465 人（女性占 15.5%），副教授 43416 人（女性占 23.7%），讲师 21645 人（女性占 31.7%），助教 41844 人（女性占 29.2%），助手 5836 人（女性占 57.2%）。而在短期大学，女教师的比例更高。2017 年短期大学统计数据显示，校长 215 人（女性占 20.5%），副校长 118 人（女性占 27.1%），教授 2914 人（女性占 39.5%），副教授 2050 人（女性占 54.0%），讲师 1774 人（女性占 61.9%），助教 6514 人（女性占 66.2%），助手 418 人（女性占 91.9%）。③

（三）机构调整层面

日本不断推行大学法人制、企业制改革，加速发展大学教师内外

---

① Higher Education Bureau, Ministry of Education, Culture, Sports, Science and Technology. OECD thematic review of tertiary education: country background report of Japan [EB/OL]. [2006-06-13]. http://www.oecd.org/dataoecd/25/5/37052438.pdf.

② 文部科学省. 文部科学统计要览：平成 18 年版 [M]. 东京：国立印刷局，2006：22-23，28-29，93.

③ 文部科学省. 文部科学统计要览：平成 29 年版 [M]. 东京：国立印刷局，2017：118-119.

部组织的国际化。

整体上看，与英、美、德等国家相比较，在日本，无论国立大学还是私立大学，对大学教师的组织管理主要是分权式的，大学教师的想法、意见和决定受到相当大的尊重。在法人化改革实施以前的约一个多世纪，日本大学内部采用的都是以部局（即学院、研究生院、研究所）以及教授会为中心、教授会自治的自下而上型的决策和管理运营系统，即主要实行一种具有自治性的同僚制的管理运营方式。

但是20世纪90年代以来，为了适应大学外部环境的急速变化并进行合理、有效的大学管理运营，各个大学都进行了内部管理组织的结构改革，特别是国立、公立大学的法人化改革实施后，大学被赋予法人权限，在"法人之长"校长的领导下，建立了具有高效执行力的决策系统。例如，由校长和校长任命的理事构成理事会（board of directors），以理事会为中心组成执行部。三分之二的理事是教师，15%左右的理事来自文部科学省，来自民间企业的理事也占到了20%。各个大学设立经营协议会（administrative council）作为管理经营的咨询机关，其中外部委员［主要是企业经营者、县知事（相当于中国的省长等）］、相关媒体人员、大学后勤服务人员等占了一半；设立教育研究评议会（education and research council，相当于我国大学的学术委员会）作为教学研究的咨询机关，委员由校长任命。另外，校长由校长选考委员会选举考察，经文部科学大臣任命产生。校长选考委员会成员由经营协议会的外部委员和教育研究评议会的内部委员组成，双方各占一半。① 可见，日本大学组织正在由重视教师意旨或教师决定权的同僚制、官僚制向由以理事会或大学上级管理者为主体并具有经营责任、享有广泛权益的法人制、企业制转型。②

---

① 天野郁夫. 国立大学の法人化：現状と課題［C］//日本高等教育学会，広島大学高等教育研究開発センター. 日中高等教育新時代. 広島：株式会社タカトープリントメディア，2006：56.

② 江原武一. 日本の大学における管理運営組織の改革［C］//日本高等教育学会，広島大学高等教育研究開発センター. 日中高等教育新時代. 広島：株式会社タカトープリントメディア，2006：416.

日本大学内部组织的重新建构，特别是大学教师的组织运行、官僚职位的体制建设，也开始统一采用国际化标准。这项改革突出体现在对准教授和助教职位的引入。2005 年 7 月修改的《学校教育法》第58 条第 1—10 项是关于实施新的大学教师组织制度的规定，大学教育研究上的组织编制设置为：校长、教授、准教授、助教、助手。这里撤销了以往的"助教授"职位，新设了"准教授"职位。因为原来的"助教授"职位不仅名称与职责之间没有联系性，而且国际上无法通用，易引起许多国家的误解。此外，还新设了"助教"一职，对于那些想成为大学教师的人来说，获得这一职位是其职位晋升的第一步。至于"助手"一职，主要是辅助进行教学和科研活动。对组织制度进行修改后，日本大学教师的职务名称便与国际通用标准（更准确地说是美国标准）完全统一。此外，改革将以往硬直、闭锁的讲座制、学科制的教师组织形式进一步灵活化，给予各大学更多的自主权，如实行大讲座制，以此为教师提供良好的组织环境，从而促进大学教师教学和科研活动水平的提高。

"二战"后，日本大学教师队伍的国际化发展趋势也在不断加快。1953 年，在海外取得学位并进入日本大学教师队伍的教师仅有 76 人，仅占日本大学教师总数的 0.6%。2001 年在海外取得学位并进入日本大学教师市场的教师已达到 7600 人，比例则上升至 7%。另外，外籍教师人数在 2001 年达到了 4600 人，占教师总数的 3.0%。日本籍教师的学位取得地大都为欧美各国，而进入大学教师市场的外籍教师中来自中国的最多，其中副教授人数最多。2017 年，日本大学教师中的外籍教师已经达到 8099 人，占教师总数的 28.0%，比 2001 年增长了 25 个百分点。另外，在短期大学中，外籍教师的占比更高，达到 40.4%。①

（四）专家调整层面

充分发挥主要由专家团队和各界代表组成的第三方评估机构的作

① 文部科学省. 文部科学統計要覧：平成 29 年版［M］. 東京：国立印刷局，2017：118-119.

用，强化政府对大学和大学教师的宏观的、间接的管理。

日本政府基本不直接参与对高等教育和大学教师的评估，而要求大学首先进行自我评估，然后接受第三方评估机构的评估和认证。与政府、学校、社会三者保持等距离的专家评估机构提供的信息具有比较高的权威性和社会可信度。

当前，专家评估机构行使的职能主要包括：第一，调整和达成协议，由国立大学法人协会、公立大学协会、私立大学联盟、私立大学协会等执行；第二，评估和正式认证，由 JUAA、JI-HEE、NIAD-UE 等执行；第三，分配科研资金，由日本学术振兴财团、日本学术审议会、各种资助财团等负责；第四，组织和召开各个学科领域的学术会议，促进教育科研成果的发表、信息的及时交换、大学教师人才的培养以及学术评价等。

三、日本大学教师队伍管理改革的特征

综上所述，在日本高等教育普及化、世界经济全球化以及新自由主义理论等的直接影响下，伴随着大学系统的内外部结构改革，日本从政府、市场、机构、专家四个层面对大学教师队伍管理进行了全方位改革，大学教师队伍的结构发生了巨大变化，市场反应能力和市场竞争力都已得到了显著改善，呈现出以下主要特征。

第一，大学教师队伍的法制化建设日臻完备。政府采用宏观的、间接的、隐性的管理方式对大学教师队伍进行调整，通过立法来规范和促进大学教师队伍管理的制度性建设，如进一步完善大学教师的人事管理制度，确立教育质量评估机构行为的合法性和评估结果的权威性，根据评估结果决定对学校和教师的财政支持额度等。

第二，大学教师队伍的流动化倾向越发强烈。日本高等教育普及化的飞跃式发展、大学和学生数量的增加引发了大学教师市场供求结构的变化。市场因素的制约作用、市场竞争机制的引入使国立大学、公立大学与私立大学的等级结构发生了很大变化，高校教师近亲繁殖

的现象得到了改善，大学教师队伍的流动性越来越强。

第三，大学教师队伍的多样化格局初步形成。具体表现为以东京大学为代表的特定大学的垄断逐渐弱化，东京大学、京都大学、早稻田大学、庆应义塾大学等大学的毕业生，虽然目前在数量上仍保持着优势，但是对大学教师市场的占有率已不断下降。九州大学、大阪大学、名古屋大学等大学的毕业生的市场占有率在不断上升，已经跨入了主体队伍的行列。另外，随着公共部门、私营部门以及外部研究机构人员到本科和专科院校任教人数的增多，还有女性教师和兼职教师的增多，大学教师队伍的多样化格局已经初步形成。

第四，大学教师队伍的国际化飞速发展。一方面，大学不断吸收在海外大学取得学位的教师（或在日本大学里取得学位的外籍教师）；另一方面，大学内部改革特别是教师人事、职位、组织等方面的体制改革完全与国际通用标准接轨。通过外部市场开发与大学内部组织机制的重建，大学教师队伍的国际化水平越来越高。

第五，大学教师队伍管理的专家评价体系迅速确立。日本大学一方面采用由文部科学省主导的以专家团队和各界代表为主体的大学审议会或者中央教育审议会的审议结果，由中央通过行政体系推进管理；另一方面，直接通过专家团队或机构进行第三方评估，这种将专家团队或机构纳入大学教师队伍管理的模式在日本虽然历史不长，但其客观性、科学性已得到政府、社会、大学以及大学教师的广泛认可。

2005 年至 2020 年，日本高等教育进入了结构的重新调整构建期。随着道州制的施行，国立大学之间，公立大学之间，国立大学与公立大学之间，以及国立大学、公立大学与私立大学之间的调整、重组、合并已开始实施。因此，从这个意义上说，今后日本大学教师队伍的建设与管理必然还将发生巨大的变化。

第二部分

基础教育改革协同发展

第五章 推进儿童福利政策改革

一、日本儿童福利政策的基本理念

众所周知，日本是世界发达国家中极富特色的福利国家，国际上也往往把日本作为特殊的福利国家来研究，并明确地下了一个定义——"日本型福利社会"。其特色概括起来突出体现为以下几点。

（一）强调以家庭为主体的福利政策

在日本，尽管国家也提供帮助，但以家庭自身、近邻和亲属的互相帮助为主，再加上企业的扶助，这是日本福利政策的首要特点。这就是在20世纪80年代被许多国家所提倡的混合福利模式的典型。它与欧美国家以市场为导向的福利策略形成鲜明对比。日本着重强调以家庭为主的福利政策导向，其原因之一是吸取了瑞典、英国等高负担、高福利国家的教训。国民对国家的依赖性过强、容易丧失劳动意欲等是许多发达国家福利政策存在的共通问题。日本认为国家或政府经济的丧失就是福利的丧失，所以制定福利政策的出发点就是要帮助每一个人自立，避免让国民过于依赖国家。

日本政府和学界普遍认为，父母的自觉教育是确立国民道义的基础，"家庭是最高的学校"，因此不断强调和宣扬"家庭是婴幼儿教育的基础""父母是婴幼儿的第一任老师"，这些说法恰如其分地道出了日本政府对于家庭、父母在抚养教育子女上担负重大责任的期待。保障"儿童福利"一直被视为父母和家庭天经地义的任务。妇女在养育和照顾孩子方面承担着超乎寻常的责任。日本儿童福利政策对家庭责任与职能的引导，在世界上堪称首屈一指。

（二）推行多元化供给的福利模式

日本推行涵盖地方公共团体、企业、民间团体等主体的多元化供给的福利模式。与欧美许多国家形成的公私分离、以国家承担责任为主的福利模式相比，日本采用的是公私并立、多元化供给的福利模式。国家并不直接承担供给的工作，只承担对委托事务的指导、监督、咨询以及对一部分国立儿童福利部门的规划和行政管理。中央政府一般委托都道府县的地方公共团体负责社会福利的供给，市町村级的福利事务所、保健所等机构具体执行服务，同时企业等也参与儿童福利的辅助供给。

日本是一个明确依据性别来划分社会责任的企业社会，实行"性别分工"的社会原则。在由夫妇和孩子所组成的核心家庭中，丈夫在外工作，妻子在家从事家务劳动和承担教育子女的责任。这种家庭模式形成于 20 世纪 60 年代中期，也就是"二战"后日本社会经济开始高速发展的时期。许多传统的日本企业都采用了家族制或终身雇佣制的管理方式，雇佣员工后就与之建立长期关系；企业将员工视作自身的一部分，要求员工对企业有高度的忠诚感和牢固的归属意识。在这种管理模式下，员工乃至其家人成为企业的必要组成部分，享受由企业提供的必要的福利待遇，其中就包括儿童福利。例如，有配偶者的工资所得税、居民税中都有相关扣除部分，各企业员工都有家族津贴，在福利年金中有对被抚养者的专项优待政策等。日本这种企业社会把企业与雇员家庭紧密地联系在一起，形成了"日本型福利"模式。

（三）以提供"儿童自立生活援助"为儿童福利政策的着眼点

日本《儿童福利法》适用于未满 1 周岁的婴儿到未满 18 周岁的少年，在第 6 条和第 27 条（具体措施）中明确规定依据该法发展儿童自立生活援助事业，包括进行日常生活上的援助、生活指导以及就业指导支援等。在日本各地分布着公立和民间的儿童自立生活支援设施（如"自立援助之家"），旨在帮助家庭环境恶劣的初中毕业生，让他们在设施内过集体生活并从事劳动。该设施在向完成义务教育的儿童提供就业支援等方面发挥了巨大作用。另外，该法在第 24 条 "关于对残障儿童的福利保障" 中规定，智力残障儿童设施的设置者、行政机关、教育机关以及其他各关联机构都应紧密合作，以使智力残障儿童能够自主地开展日常生活和社会生活。通观日本《儿童福利法》，除了规定对残障儿童提供保护、治疗外，还重点规定了对其进行日常社会生活指导和知识技能传授。日本的残障儿童福利已经从提供医疗支持的时代进入了注重教育的时代。儿童福利是要 "帮助儿童生活自立"，是要保证儿童人人享有尊严与人格、享受正常的社会生活。这是日本以儿童为本位的社会保障制度的基本原则。

这种 "日本型福利" 的论点在 1986 年的《厚生白皮书》中被进一步明确，其内容主要是社会福利基于 "自助、互助、公助的角色职能分担"，其支撑性理念是 "健全的社会" 是以个人的自立、自助为根基，家庭、地域社会给予支持，进而公共部门进行必要援助的 "三重构造" 的社会。① 所以，日本儿童福利政策带有东方传统儒家思想以家庭为中心的色彩，反映了家庭内的父母切实承担起各自应负责任与义务、社会提供理想型家庭模式下的企业保障制度的特点，以及以家庭基盘的稳固充实、个人自立为指向的福利政策理念。

二、日本儿童福利政策的历史发展与变革

日本在迈向现代发达国家的进程中，形成了不同于西方发达国家的、独特的发展模式，其典型特征是在 "修身、齐家、治国、平天下" 的儒家思想引领下，推行中央集权制政府主导的市场经济。这种在社会经济的发展进程中形成的 "东西方融合" 的社会治理模式，对日本儿童福利政策的发展与变革产生了深远的影响。概括起来，日本儿童

---

① 佚名. 日政府将加大援助儿童福利民间设施［EB/OL］.［2020-01-11］. http：//china. kyodo. co. jp/modules/fsStory/index. php？storyid＝51056.

福利政策经历了以下几个发展阶段。

（一）萌芽时期：宗教"慈善性"的儿童救济

追根溯源，日本古代的儿童福利措施是受佛教思想影响，由皇室对贫病和生活无依无靠的儿童施以慈善救济。这个阶段大致是从 6 世纪圣德太子开办救济院，到明治维新时代（1868—1912 年）日本确立君主立宪政体之前。在此期间有关儿童福利事业的代表性举措包括：593 年，圣德太子在四天王寺开办救济院，收容贫病无依的儿童，在进行慈善救济活动的同时强化皇室权力；730 年，光明皇后设置施药院和秘田院，对贫民施予药物等方面的救济；764 年，淳仁天皇派专人设专门机构负责收容孤儿，基督教传教士在日本传教并开展救助孤儿的工作；1556 年，设立养育院、救济院等，同时于院中设置医疗设施以治疗疾病。①

（二）雏形时期：儿童保护观念和法制管理初步形成

日本儿童福利政策的雏形形成于明治维新时代到"二战"期间。明治维新时代，日本确立君主立宪政体。日本积极向世界先进工业化国家学习新的观念与体制，儿童保护救助的规则、设施和相关法律的雏形开始形成。在此期间，日本提出了许多具体的儿童福利政策及措施，例如：（1）1871 年至 1874 年，制定救助规则，下令对孤儿、有 3 个以上孩子的贫困家庭配给抚养米；（2）1885 年，设立东京感化院，1887 年创设冈山孤儿站，1890 年创设博爱社；（3）1891 年，设立龙野川学院，从事低能儿童教育；（4）1900 年，制定《感化法》，对不良少年进行指导，对有游荡等不良行为且无家长监护者，强迫其入感化院；（5）1911 年，制定《工厂法》，保护童工；（6）1921 年，制定《儿童保护法案》，其目的在于保护产妇、婴儿、孤儿、弃婴、失学儿

---

① 佚名. 日本の社会福祉史・時代区分による特徴 [EB/OL]. [2008 - 05 - 04]. http：//www.kbc.gr.jp/ai/study/rekishi.htm.

童、贫困儿童、问题儿童、流浪儿童、残障儿童等，此法案乃日本《儿童福利法》之前身；（7）1922 年，制定《少年法》《感化教育法》，重视对不良少年的教育工作；（8）1926 年，举行"第一次全国儿童保护团体会议"，研讨有关儿童保护工作；（9）1928 年，制定《儿童扶助法案》，规定对贫困寡妇及其子女、弃儿等应予救助；（10）1933 年，制定《儿童虐待防止法》，禁止虐待儿童事件并开展预防，同年制定《少年救护法》；（11）1937 年发布《母子保护法》《保健所法》，对 13 岁以下贫困儿童提供救济及加强幼儿的营养卫生保健；（12）1938 年设置厚生省（Ministry of Welfare，得名于中国古代《书经》中的"正德利用厚生惟和"；2001 年与劳动省合并后改组为厚生劳动省，但通常仍简称为厚生省，本书采用此简称），其下设置儿童科，确立了中央集权化及地方政府之行政体制；（13）1941 年，财团法人日本儿童福祉协会（Japan Children Welfare Association）成立。在这一时期，日本社会的儿童保护观念和法制化管理制度已初步形成。

（三）全面推进时期："补缺型"儿童福利政策正式立法

真正意义上的日本儿童社会福利保障制度是在"二战"以后形成和确立起来的。战败的日本出现了众多的战争孤儿和被遣送回国的战俘，他们居无定所、生无所依，政府开始制定、实施以救贫和扶贫为中心的社会福利保障制度，创设了社会福利法人、社会福利事务所。

1946 年《日本国宪法》第 25 条规定："一切国民都享有维持最低限度的健康和有文化的生活的权利。国家必须在生活的一切方面致力于提高和增进社会福利、社会保障以及公共卫生事业。"以宪法为根基，日本政府积极建立儿童福利立法体制并全面推进儿童福利事业。1946 年日本颁布《生活保护法》，同年，颁布实施有关流浪儿童与其他儿童保护等紧急措施的行政命令。1947 年，日本正式颁布实施了关于儿童及儿童福利的第一部基本法——《儿童福利法》。根据该法，"儿童"的定义为 18 周岁以下的年轻人，具体划分为三类：不满 1 周岁的婴儿，即"乳婴"；超过 1 周岁但尚未达到小学入学年龄的"幼儿";已经上小学但未满 18 周岁的"少年"。其中规定只要是孤儿，不问国籍，全部由政府收养，保障其完成高中教育。后来，厚生省设立了"儿童局"。1951 年，设立"儿童节"和制定《儿童宪章》。1961年，实施《儿童抚养津贴法》，地方政府广泛兴建儿童福利机构，如儿童之家等。1964 年，厚生省将"儿童局"改为"儿童家庭局"，实行《母子福利法》，制定支持性的《儿童商谈法》，在地方开设儿童咨询、商谈与辅导机构。1970 年，创立儿童津贴制度。1971 年，颁布《儿童津贴法》。

这一时期，日本儿童福利政策的基本原则是政府向生活贫困的家庭成员尤其是儿童提供最低生活标准援助，旨在帮助这些人获得自立。只有在需要资助者本人、其法定监护人或居住在相同地点的亲属提交申请后，方可启动这一资助项目。原则上，经济资助是以家庭为单位提供的。社会福利事务所负责管理日常生活资助项目，由持有资格证书的社会福利主事具体负责实施。具体而言，资助有以下几类：食品、衣物及其他日常生活用品资助；教育资助，包括义务教育所需的费用（书本费、在校就餐费等）；住房资助；医疗检查及药品资助；长期看护资助；等等。由此可见，在这一时期，日本儿童福利体制正式确立，以儿童"救助"为重心的"补缺型"儿童福利政策正式立法并在全国推行。

（四）完善和调整时期：从对特殊儿童的救助扩展到对一般儿童的保护

日本政府把 1973 年作为日本的福利元年。在这一年，政府不仅制定了弹性的福利政策、家庭政策，还制定了最低的社会保障制度，比如实施婴幼儿的医疗免费制度等。

1974 年，日本发放"特别儿童抚养津贴"，同年实施"障碍儿保育"等措施，扩充特殊儿童及障碍儿童的保育政策。1975 年，设置教职员、护士及保育士等的育儿假。1981 年，颁布《母子与寡妇福利法》，将儿童福利扩展至单亲家庭儿童。1991 年，颁布《育儿休假法》。1994 年文部省、厚生省、建设省、劳动省联合发布 "育儿支援计划"（又称 "天使计划"）、《紧急保育对策五年发展规划》。1995 年，社会保障制度审议会发布报告《社会保障的再构筑——安稳生活的 21 世纪》。1995 年，颁布《育儿、看护休业法》（要求从雇佣保险中支付休业前的 25% 的收入）。1996 年，中央儿童福利审议会发布报告《少子社会相应的保育体系》。1997 年，颁布修改后的《儿童福利法》。

1973 年至 1997 年被称为日本儿童福利政策的完善和调整时期，在这一时期政府建立了各种支持保障体系，进一步改进和完善了儿童福利政策，从对特殊儿童的救助扩展到对一般儿童的保护。

（五）大变革时期：从 "补缺型" 走向 "普惠型"

"二战" 后，日本的社会经济发生了天翻地覆的变化，日本的社会保障体系也得到了发展和充实，但是社会福利保障制度的宗旨和具体内容并没有随之产生多大的变化，仍然拘泥于救贫、扶贫的框架，儿童福利政策仍然以 "补缺型" "援助性" 为主。

在经历了经济高速增长、国民生活水平发生了质的变化后，日本开始面临经济增长速度减缓、社会人口结构老化和婴儿出生率低下（即少子化）等诸多新的问题。同时，日本国民对于社会福利的认识也发生了很大的变化，人们不再满足于单纯的救贫、扶贫的社会福利保障制度，而是对国家的社会福利产生了多样化的需求。旧的制度已经不能满足人们不断增加的社会福利需求，国家必须对它进行全面改革。

20 世纪 90 年代末期以来，日本的社会福利政策发生了一场前所未有的变革。1998 年 6 月，中央社会福祉审议会社会福祉结构改革分会向厚生省社会援助局和日本公众提交了《有关社会福利基础结构变革》这一总结报告。该报告明确指出并阐述了这场变革的必然性、必要性和变革的理念及方向。以往日本的儿童福利主要是对以残障儿童、孤儿、单亲的母子家庭的儿童为代表的 "特殊儿童" 予以特别支援。随着日本社会老龄化问题、少子化问题日趋严重，面对所有的一般家庭，面向全体儿童身心的健全发展，创造有利于儿童生育培养的良好社会环境、教育环境，提供给儿童更多个人发展的机会，即实行"普惠型"的儿童福利政策，成为儿童福利制度改革的战略和施策重点。另外，在这一时期，日本社会受到虐待的儿童人数骤增，彻底解决此问题也成为儿童福利政策中的一项重大课题。

1997 年，日本政府对《儿童福利法》做了大幅度的修改。这些修改旨在适应儿童生活环境和社会环境的巨大变化，例如夫妻双方均外出工作以维持家庭收入已成为当时主导的家庭模式，每户不超过两代人的"核心家庭"的发展趋势日益明显，儿童数量急剧减少。日本政府公开承认，在世界各国中日本是一个无比突出的"少子又兼老龄的社会"。实际上，从 2005 年开始，日本就进入了人口负增长（即人口出生率低于死亡率）时代。这是自 1899 年以来日本首次出现总人口负增长现象。全国平均出生率仅为 1.26 人，是历史上的最低点。这种少子化趋势如果继续发展下去，到 2050 年，日本的总人口预计将下降到 1 亿人，到 2100 年总人口将只是 20 世纪末的一半。再加上人口老龄化的进一步发展，日本不久将面临 3 个人中就有 1 个是 65 岁以上老人的状况。这种极端的"少子又兼老龄化"的社会发展趋势，使日本政府深刻认识到改革已迫在眉睫。

修改后的《儿童福利法》规定，为有儿童的家庭建立儿童家庭支援中心与儿童咨询所，在各地区为儿童养育提供多种形式的建议、支持与指导，特别强调要超越"保护"与"救助、救贫"的观念。在修改《儿童福利法》之前，日本文部省、厚生省等于 1995 年联合制订了一个 10 年工作日程表，其正式名称为"儿童养育协助基本方针"（又称"天使计划"）。日本家庭出现小型化趋向的原因之一是从业妇女的人数越来越多，因此这项计划的目的就是要创造一种环境，使妇女可以一边安心工作，一边尽心养育子女。其推行的各种措施包括：扩大保育所的容量，延长保育所的开放时间，并在全国各地大量增设养育子女支援中心。1999 年日本政府对"天使计划"又进行了修改，制订了"新天使计划"，它扩大了各类看护设施的数字性目标，还提出了促进公司工作环境改善的相关规定。

1999 年版《厚生白皮书》提出了"少子社会的思考——构筑生育、养育子女的社会"的目标。为了进一步创设使国民能够安心养育孩子的环境，2003 年，日本又制定了《少子化社会对策基本法》《培育下一代支援对策促进法》。

另外，虐待儿童案不断增多，对虐待儿童事件予以防范已成为日本儿童福利保障的新课题。2005 年 5 月，新的《儿童虐待防止法》颁布，又于 2007 年进行了修订。修订后的法律放宽了判定虐待儿童的标准，如将年龄改为"未满 18 周岁"，并将身体虐待、性虐待、心理虐待、照顾不周、遗弃等都定义为儿童虐待。依据这些标准，公民如发现虐待儿童现象必须向儿童咨询所报告。法律还明确规定，儿童咨询所的工作人员有介入家庭进行现场调查的权力。2019 年 3 月，日本政府在内阁会议上正式通过了《儿童虐待防止法》《儿童福利法》这两部法律的修正案，规定：在家庭教育中禁止体罚儿童；儿童咨询机构的业务必须包括"确保儿童安全"，并将负责保护孩子的职员和负责联系、帮助家长的职员分开，强化工作人员具体的干预功能。日本政府还制定了加强防止虐待儿童的举措，如政府将与儿童咨询机构及警方加强合作等。①

三、日本儿童福利政策的改革举措及存在的问题

（一）实施体系

日本有一套系统的儿童福利政策行政管理和执行体系。社区成为联系家庭与幼儿园、学校的桥梁。例如，为充分发挥社区作用，日本成立了社区儿童养育中心，并建立起儿童教育网，为家庭分忧解愁，减轻父母养育儿童的后顾之忧。它们经常围绕特定课题组织家长与专家等进行交流，或与家长一起筹划一些活动，使家长得到具体的指导

---

① 王珊宁. 日本修改法律：禁止家长在家庭教育中体罚儿童［EB/OL］.［2020-01-11］. https：//news. sina. com. cn/w/2019-03-19/doc-ihsxncvh3816504. shtml.

和社会福利。

国家通过责成地方政府改善雇佣环境、提高幼儿教育服务水平、完善社区内育儿支持体系、健全母子医疗体制、减轻家庭经济负担、加强对留守家庭儿童的看护教育、设立各种儿童福利公共设施等，促进儿童福利。

儿童福利政策中规定的措施由地方自治团体，具体地说，由社会福利事务所负责实施。为提供高质量的援助与咨询，这些事务所聘请经过考核、具备相关知识和技能的社会福利主事从事此项工作。政府还任命一些民生委员来配合社会福利主事工作。

根据《儿童福利法》，日本各都道府县均设有几个儿童咨询所。每个咨询所都聘有儿童福利工作者，他们经过特殊的训练，可以在咨询所的管辖区域内就有关儿童的各种问题提供咨询服务。他们从专家的角度进行系统的询问并做出决定，为儿童的监护人提供必要的指导，授权安排养父母，对儿童实施临时监护或安排家庭状况较差的儿童入住福利寄宿设施。这些安排是经与社会福利事务所和保健所密切磋商后进行的。

市町村级政府雇佣经过政府任命的儿童委员，让他们与儿童福利工作者及持有资格证书的社会福利主事合作，力求掌握那些需要帮助的儿童、孕妇以及新生儿母亲等的详细情况。具体的儿童福利公共设施包括婴儿院、保育所、母子生活支援设施、儿童自立支援设施以及为那些有障碍的儿童提供的各种福利设施（如智力障碍儿童设施、盲聋哑儿童设施、精神情绪障碍儿童短期治疗设施、肢体不自由儿童设施、重症身心障碍儿童设施等）。

（二）问题所在

日本型儿童福利体制的问题恰恰来自它的特色。"以家庭为中心的福利模式"，以每个国民都能拥有安定的家族生活为主要福利目标、以家庭基盘的充实为理念，造成了男女职业分工的巨大差别与固定化，被认为是日本社会男女不平等、女性地位低下的根源，它使女性福利劳动的非专门性、低工资、劳动条件的恶劣都变得正当化。对有孩子的女性从业人员的调查显示，在孩子上幼儿园之前，由父母或其他亲属替自己照看孩子的比例最高。在日本，因照看幼童而影响就业的问题至今仍未得到根本解决。

针对上述问题，日本专家认为应从以下几方面着手解决：（1）儿童权利和权利保障手段应明确化；（2）儿童权利保护的组织和人员应得到加强；（3）对儿童咨询所及相关咨询机构进行改革；（4）对儿童福利设施及其体系进行改革；（5）对残障儿童的地方治疗培养体制进行调整，对必要设施进行建设；（6）对儿童福利工作者的资格制度进行调整等。①

同时日本政府也指出了今后儿童福利政策改革的方向。一是从"保护的机能"走向"支援的福利"，从"儿童福利"走向"儿童家庭福利"，即对于儿童养育，一面以家庭为中心，一面社会全体也持有共同责任，在相互协作的基础上共同解决有关问题，体现家庭化、社会化的方向。二是从"血缘、地缘型培育网络"走向"社会性的培育网络"，即以往的以血缘或地缘（地区、同乡关系）为中心的儿童培育网络逐渐失去效力，取而代之的将是男女共同参与的社会培育网络。三是从"给予型的福利"走向"选择型的福利"，也就是从以特定的价值观或理想家庭为前提，只提供最低限度的统一的服务，走向在允许多样化的儿童养育方式的基础上，提供高品质的多元服务。四是从"点的施策"走向"面的施策"，以往对于儿童福利只是用单一方法来处理，即把个别的需求和个别的施策连接起来，今后将面向家庭、地区（地域）等复数对象，由复数的供给主体用复数的手法提供复数的服务，重视地域连带性。五是从"对家庭的不介入"到"为儿童权利的介入"，以往日本的法律制度对亲权给予极大的信赖，今后将从维护儿童权利的角度谋求体系的建构与完善。

---

① 中央青少年問題協議会. 青少年児童白書 [M]. 東京: 青少年問題研究会, 1996: 291.

四、日本儿童福利政策改革的特点

日本与我国有相似的历史文化传统。"二战"后日本经济发展经历了恢复（1945—1955 年）、高速增长（1956—1972 年）、低速稳定增长（1973—1989 年）、长期停滞（1990—2001 年）和缓慢增长（2002 年以后）等跌宕起伏的时期。与此同时，作为社会保障制度重要组成部分的儿童福利政策，也经历了建立、发展、调整、完善、全面推进等演变过程。

（一）以家庭为单位的政策指向

日本的儿童福利政策在儒家文化的影响下，始终体现了以"家庭"为中心的特点，这一点有别于欧美国家。在日本，女性因照看幼童而影响就业的问题至今仍未得到解决，20 世纪 60 年代形成的日本型儿童福利体制目前依然占据着主导地位，它为日本经济的高速发展奠定了坚实的社会基础。所以，对"养育、抚育儿童家庭的支援"和对"儿童权利的保障"依然是今后日本儿童福利事业的目标和基本方针。我国可扬长避短，借鉴该体制的长处。

（二）采取自助、互助、公助相结合的形式

2012 年我国有 3.67 亿名少年儿童，大部分还未被纳入大病医保体系。① 儿童福利全部由国家负担是难以实现的。日本的实践证明，调动社会力量参与、推进社会福利服务多样化有利于缓解政府财力不足同全社会的巨大福利需求之间的突出矛盾，有助于建立完善高效的社会福利服务体系。

---

① 张淼淼，王艳明，程士华.中国有 3.67 亿少年儿童 多数未纳入大病医保体系［EB/OL］.［2020-01-11］. https：//news.qq.com/a/20120601/000587.htm.

（三）有健全的法律保障支持体系

我国目前的儿童福利政策尚属"补缺型"，对象只是孤儿、弃婴或者有残疾的儿童。相关法律法规有《中华人民共和国未成年人保护法》《中华人民共和国收养法》《关于加强孤儿救助工作的意见》等，不够丰富、全面。通过前文的介绍，我们可以看到，日本关于儿童福利的法律非常多，形成了一套健全的法律保障支持体系。我国可以借鉴之。

（四）走渐进式发展的道路

从"补缺型"儿童福利到"普惠型"儿童福利，日本走过了几十年的漫长历程。从"补缺型"儿童福利逐步向"普惠型"儿童福利发展，也将是我国经济社会发展的必然要求，也符合全球化时代的发展要求。众所周知，由于我国经济不够发达，受经济社会发展水平制约，地区之间、城乡之间的儿童的生存、保护和发展条件与水平存在很大差异，我们可以走一条渐进式的发展之路。

对日本儿童福利的基本理念、制度模式、实践原则、面临问题以及改革措施等进行研究，总结其成功经验和教训，对我们建立和完善中国特色的儿童社会保障制度具有一定的借鉴价值。

第六章　开展独生子女研究①

从 20 世纪 70 年代初我国实行计划生育政策到现在，独生子女群体日益扩大，据统计，2019 年我国独生子女家庭数量已经达到 1.8 亿。深入研究独生子女的群体特征和面临的问题与挑战，客观分析不同成长环境给独生子女带来的影响，总结他们的成长经验，为他们的成长和发展提供更好的政策与社会环境，对进一步推进教育改革特别是基础教育改革，提高国民素质和民族竞争力等都具有重要的战略意义。

日本学者从心理学、教育学、家庭社会学等角度对独生子女进行了比较深入的研究，形成了独具特色的研究成果，相关理论观点与实践经验值得我们思考。

一、日本独生子女研究的总体情况

日本学者的独生子女研究，在吸收美国流派（由心理学家开辟研究先河，重点关注教育问题）、德国流派（从医学领域开始，以临床研究为出发点，重点针对独生子女的特异性问题，强调家庭环境对儿童的影响）和欧洲精神分析学流派的研究成果的基础上，形成了自己独具特色的研究领域和研究观点。

日本学界在 20 世纪初日本的独生子女数量还非常少的时候，就把独生子女看作特殊的研究对象，这一研究最初是源于欧美心理学家得出的独生子女是"问题儿"这一研究结论。日本学者的研究最早可以追溯到 1919 年，心理学家三田谷启发表了第一篇关于独生子女研究的学术论文。1932 年，心理学家兼子宙发表相关学术论文。1933 年，心

① 本章是国家社会科学基金"十一五"规划（教育类）国家重点课题、教育部哲学社会科学研究重大课题攻关项目"教育提高人口素质和增强民族竞争力研究"国际比较部分的成果。

理学家山下俊郎也发表了相关学术论文。[①] 特别是 1937 年，山下俊郎的专著《独生子女的心理和教育》出版，标志着日本的独生子女研究跨入了世界领先行列。这本著作历经三度修订，出版社也曾三次更换，但是今天仍然在发行，并被翻译成多国文字。这是引领日本乃至世界对独生子女心理与教育展开细致缜密研究的一本名著。

该书概述了世界独生子女研究 80 余年的历史，综合对比了独生子女研究领域各流派的特点及其差异，全面分析了独生子女的特性，在此基础上提出了一些预防独生子女问题以及培养教育好独生子女的措施。作者认为独生子女与非独生子女的生活环境不同，这可能会使独生子女形成一些不良性格，例如孤僻、任性、自我等。如果采取恰当的预防性培养教育措施，不但可以预防独生子女形成不良性格和纠正独生子女所存在的问题，而且可以把他们培养成杰出的人才。山下俊郎的这一观点，打破了欧美学者把独生子女作为问题儿童来研究的取向。他从教育学的角度指出了培养独生子女的正确方向，对教育界产生了深远的影响。

后来关注独生子女特殊的生长环境因素（包括家庭、学校、社会、父母、老师等），并将其作为重点课题进行特别深入考察的日本独生子女研究，在"二战"中的"多生多育"时代以及"二战"后的"婴儿潮"时代，大约经历了 25 年的基本停滞期。

20 世纪 50 年代后半期，日本整个国家从"二战"后的混乱中恢复过来，计划生育开始被真正纳入规划考虑中。伴随着"少生优育"社会风气的盛行，独生子女家庭所占比例开始逐步增大，独生子女研究重新受到重视，变得活跃起来。这一时期值得一提的研究主题和内容是父母与子女的关系、家族关系（或者说家庭关系）、兄弟姊妹的关系等。

这一时期比较著名的研究者有依田明、高野清纯、白佐俊宪等。依田明对兄弟姊妹关系与儿童性格形成、出生顺序与儿童性格形成、

---

① 白佐俊憲.一人っ子の心理と育児・保育［M］.札幌：中西出版，1998：28.

独生子女的教育方法等进行了大量理论和实证研究，有多本相关专著出版。他从 1963 年到 1980 年持续进行追踪调查研究，得出的研究结果是：一般长子的性格属于符合社会所期望的完全大人化的沉稳的类型，与之形成鲜明对比的是末子（最小的孩子），他们典型的特征是活泼有生气，但同时也具有娇气和任性的特征，中间的孩子与长子的共同点更多一些，社会参与性很强。依田明一方面阐明了兄弟姊妹关系对儿童性格形成的影响，强调了这种关系就是一种小型社会性关系；另一方面则针对缺乏这种"横向社会关系"的独生子女，提出了教育上切实可行的弥补方法。

整个 20 世纪 70 年代和 80 年代，日本关于独生子女的研究结果和观点形形色色、各不相同：有人论述独生子女的确具有特异性，也有人提出独生子女与非独生子女之间并无显著差异。但是，从研究内容来看，有关特异性的论点、论据之间缺乏一致性与关联性。

20 世纪 90 年代以来，日本的独生子女研究进入了新的阶段。这主要是因为日本的人口合计出生率持续走低，日本成为世界上典型的少子化国家。少子化背景下，独生子女家庭不断增多。因此，独生子女研究被赋予了新的社会意义，成为日本少子化社会研究的重要课题之一。白佐俊宪于 1998 年出版了专著《独生子女的心理与教育——少子时代的教育指针》。白佐俊宪在前人研究的基础上，从现代社会的时代特点出发，系统分析总结了独生子女研究与日本少子化社会发展的关系，强调独生子女研究在"少子又兼老龄化"时代的重要性以及现实意义。他对独生子女教育的形式、方法提出了富有建设性的观点，例如为增加独生子女的社会性体验与增强其生活能力，幼儿园可把不同年龄的儿童编在一个班或者小组中进行活动，通过这种"纵向的混合式教育形态"构建一种兄弟姐妹般的社会关系，使较小的孩子有不同年龄层的模仿对象，较大的孩子则可以在帮助年幼儿童的过程中丰富自己的知识和能力。

特别值得提出的是，与以往日本学者只重视欧美的研究理论和成果不同，白佐俊宪还关注中国的独生子女政策与实践问题。他在 1996

年至 1998 年任哈尔滨大学客座教授，其后对欧美、日本和中国的独生
子女研究的历史进程与发展特征等进行了系统的梳理和比较。黑龙江
人民出版社出版了他的专著《独生子女的心理与幼儿期的教育》，呈现
了他重要的研究成果。

二、日本独生子女研究的特色领域

进入 20 世纪以后，日本学者的独生子女研究主要集中在以下几个
领域。

（一）心理学研究领域

日本的独生子女研究是基于独生子女本身可能具有的心理问题和
教育的实际需要而产生和发展起来的。从切入点、方法来看，日本独
生子女研究最初是从儿童心理学领域着手的，特别是从性格心理学、
行为心理学等出发，研究独生子女及其父母等的个性特征与行为差异。

被称为美国"儿童心理学之父"的霍尔（S. Hall）早在 19 世纪末
就指导他的学生鲍汉诺（E. W. Bohannon）就独生子女问题进行了统计
性研究。可以说，他是独生子女研究的开创者。霍尔认为，就独生子
女而言，仅这一客观事实本身，就是一种病理（或者说弊端）（To be
an only child is a disease in itself）。对于这一断言，日本的研究者们首
先想到必须搞清独生子女群体的真实特性，了解他们在社会生活中存
在或可能存在的实际问题；其次要探究产生这些问题的原因，进而研
究出预防或解决这些问题的有效方法。

关于独生子女的心理、性格特征以及身体、行为特征，以下列举
几项具有代表性的研究成果。

日本最早的研究者三田谷启对独生子女的研究开始于大正年代
（1912—1926 年）。他在东京的一所小学开展了研究。他参照当时东京
的小学儿童发育标准，对这所小学的独生子女的发育情况进行了评定，
得出如下结果：优等 21 人，中等 2 人，劣等 16 人。也就是说，发育情

况为优等和劣等的占绝大多数，中等的极少。①

另外，独生子女的行为特征也偏极端。例如：有的独生子女非常活泼，有的独生子女非常文静。也就是说，独生子女的性格明显地偏于两极（即具有两极性），很难找出中间状态。独生子女有两种不同的性格类型，即极端的外向和极端的内向。极端的外向性格有任性、好胜、利己等特性，极端的内向性格有神经质、胆小、腼腆等特性。这种偏于极端的性格特异性，被称为"肥厚性畸形性格"。

三田谷启还调查了独生子女社会交际能力，结果发现 25%以上的独生子女与朋友不和。独生子女和其他孩子合不来，据分析，是由于独生子女有支配欲，也就是总想当"孩子王"，其让大家按照自己的想法去行动的意念太强。如果这种支配欲受到阻碍或被打乱时，他们很自然地要避开小伙伴。而同他们一起玩的，往往是能被支配的比他们年龄小的儿童，或宠爱他们、顺着他们的比他们年龄大的儿童。

独生子女不大喜欢交更多的朋友，通常只有一两个朋友。在多数情况下，他们不大合群，喜欢离开多数人的游戏，在室内同老师谈话。他们不是不喜欢交同龄的伙伴，只是他们没有理解同龄儿童的能力，并且也不被对方所理解。其实独生子女有很强的社交欲望，甚至要比非独生子女的社交欲望更为强烈。可是，家庭里的孤独生活使他们得不到社会生活的训练，所以缺乏在集体中与他人相处的能力。

长濑邦三曾经对日本的独生子女的思想倾向做过调查统计。他以"你认为没有兄弟姐妹好还是不好"为题目，让儿童自由进行笔答。回答的结果有两种，一种是"不好"，另一种是"也好也不好"。以下是回答"不好"的独生子女对相关问题的回答情况：（1）如果没有兄弟姐妹，会感到无聊和寂寞（38%）；（2）有了兄弟姐妹，就有了商谈的对象（17%）；（3）有了兄弟姐妹，不知道的东西可以互相问（13%）；（4）别人谈到兄弟姐妹时不羡慕（15%）；（5）有了兄

---

① 山下俊郎. 独生子女的心理和教育［M］. 陈吉军，金东淑，译. 哈尔滨：黑龙江人民出版社，1984：45-46.

弟姐妹，可以互相帮助（8%）；（6）有了兄弟姐妹，学习和游戏会很有兴趣（6%）；（7）有了兄弟姐妹，就不能任性（4%）。根据独生子女的上述回答，我们可以清楚地看到，独生子女对本身的境遇是不满意的，而且具有强烈的社交欲望。这种社交欲望会随着个体进入青年期而变得更加强烈。

兼子宙对独生子女的"人缘"做了一个有趣的研究。他让儿童在本班同学中选出自己喜欢和讨厌的人，据此测定每个儿童的"人缘"，从而比较独生子女和非独生子女的"人缘"。结果发现独生子女的情况集中在非常有"人缘"和非常没有"人缘"这两个极端。换句话说，独生子女的社交能力表现为极好或极坏两种类型。

昌子武司以"没有兄弟姐妹"为前提条件，通过环境研究来分析独生子女的特异性产生的原因。他指出，兄弟姐妹之间常常打架，所以他们的忍耐力非常强，而没有这方面经验的独生子女，常常坚持不了自己的主张。他们好掩饰自己，顾虑重重，很少有坦率的意见，对抗性弱，有时面对强势对手会表现出无原则的退让。他们反抗的形式常常就是讲道理、"打嘴仗"。这从另一个角度阐明了多数独生子女社交能力弱的原因。

山下俊郎通过统计性研究证实了"独生子女的智能可以说是优秀的"的观点。由于独生子女经常在以大人为社交对象的环境里生活，因此在幼年时期就显得比较成熟。例如三四岁的孩子就常常能讲一些连大人也相形见绌的漂亮话。从早熟（指过早丧失了儿童的特征）的种种现象来看，独生子女的智能可以说是优秀的。山下俊郎通过各项统计性研究验证了这一观点。他曾经对东京都内一所中学的一年级学生进行了集体智能测验，把独生子女和非独生子女相比较，得出了独生子女与非独生子女的智能分布状况（见表6-1）。①

----

① 山下俊郎. 独生子女的心理和教育 [M]. 陈吉军，金东淑，译. 哈尔滨：黑龙江人民出版社，1984：50.

表 6-1 独生子女的智能分布状况①

项目	非独生子女		独生子女	
	人数（人）	比例（%）	人数（人）	比例（%）
最优	1	0.42	0	0.00
优	18	7.66	1	3.13
正常上	57	24.26	9	28.13
正常	79	33.62	13	40.63
正常下	59	25.10	8	25.00
劣	18	7.66	1	3.13
最劣	3	1.28	0	0.00
总计	235	100.00	32	100.00

　　根据山下俊郎的研究，从整体上可以得出独生子女的智能是优秀的这一结论。根据这一结论，如果独生子女的智能是优秀的，那么学习成绩作为其智能的表现，当然也会是优秀的。但关于独生子女的学习成绩，出现了两种截然相反的研究结论：一种认为其学习成绩优秀，另一种认为其学习成绩低劣。

　　山下俊郎将中学生的学习成绩分为五个等级（优、正常上、正常、正常下、劣）。在一般中学生（非独生子女）中，"正常上""优秀"的比例为 28.63%；在独生子女中，"正常上""优秀"的比例为 37.51%。显然，在成绩优秀者的比例上，独生子女高出很多。

　　与上述结论截然相反的另一种观点认为，独生子女虽然具有优秀的智能，但其学习成绩是低劣的。较有代表性的是日本学者青木诚四郎的研究。

　　青木诚四郎以东京都旧制中学为研究样本，把学生留级率和其兄弟姐妹人数进行对照，得出的结论是：对于主要职业为公务员、公司职员和大商人等中上阶层人士的家庭来说，留级率最高的是兄弟姐妹

---

① 本书引用此表时对表中数据进行了修订。

数为 5—7 人的家庭的学生（64%），其次是独生子女家庭（30%）（见表 6-2）。

表 6-2　中上阶层家庭子女的兄弟姐妹数和留级率

兄弟姐妹数（人）	0	1	2	3	4	5—7
留级率（%）	30	23	24	15	28	64

　　但是，青木诚四郎也明确指出，对于处于社会底层的非熟练工人家庭来说，独生子女学生比有兄弟姐妹的学生的留级率低很多，换句话说，独生子女的学习成绩是优秀的（见表 6-3）。这可能是由于一般多子女家庭对子女的照顾和教育欠周到，往往无暇、无能力照顾和教育多个子女；而社会底层家庭如果只有一个子女，即使家庭收入低，也能给予子女周到的照顾和教育。

表 6-3　非熟练工人家庭子女的兄弟姐妹数和留级率

兄弟姐妹数（人）	0	1	2	3	4	5—7
留级率（%）	29	49	43	62	57	64

　　这就引出了另一个结论，即家庭因素对独生子女的学习成绩和能力水平具有至关重要的影响。

　　综上所述，虽然存在独生子女学习成绩优秀与否的争议，但到目前为止，研究者基本都认为独生子女的智能是优秀的。独生子女的智能通常较为优异，对智力活动兴趣浓厚，喜欢读书；逻辑思维能力和理解能力较强，但观察力尤其是注意力较差；在从事紧张和艰苦的工作时，由于意志力不强，所以其行动常常显得迟缓；对于需要讲道理和运用抽象思维的工作，会做得较好，而从事需要经验的工作时往往做得不好；由于家庭生活孤独，其宗教倾向较强。

（二）教育学研究领域

　　对独生子女的心理学研究表明，这一群体确实容易出现各种各样的"问题"。但是，这些问题也不单是独生子女自身的问题。针对可能发生的问题，采取有效的教育措施，照样可以把独生子女顺利培养成积极健康的、能造福于社会的人才。

以山下俊郎、依田明、白佐俊宪等为代表的日本学者，一直在研究独生子女教育的基本方向。他们将独生子女的性格特征按形成的原因和条件分为两大类：第一类性格特征是因父母错误的教育态度而导致的；第二类性格特征是在社会生活中由于家庭缺乏兄弟姐妹等特定教育因素而导致的。

父母在教育态度上的错误，是导致独生子女性格问题的首要原因。所以在独生子女的教育上，父母首先要端正教育态度。在具体教育活动中，父母则可以采取如下有针对性的教育措施。

1. 避免教育"过剩"，尽量"少教育"①

独生子女的父母，尤其是母亲容易在教育上陷入"过剩"的状况而不能自省。母亲的过多照料和过多教育，会导致孩子意志薄弱、依赖性强、神经质、娇气等性格问题。顺从孩子的自然发展趋势，尊重孩子的"自然"行动，对孩子稍加扶助，才是贯穿于独生子女教育全过程的重要的基本原理。

2. 重视儿童自身的活动与经验

儿童要想掌握本领，关键是要去亲身实践、经验。这一点是现代儿童研究给我们的最宝贵的启示。儿童为了理解事物，首先要观察实际事物，接触实际事物。父母不要过多地侵入儿童世界，不要急于干预甚至越俎代庖，而要让孩子积累实际经验。这是独生子女父母应该铭记于心的很重要的教育原则。

3. 加强训练，培养独立性

这里的"加强训练"与前边的"尊重自然"看似矛盾，实则不

---

① 白佐俊憲. 一人っ子の心理と育児・保育［M］. 札幌：中西出版，1998：72-73.

然。因为训练原则是建立在自然原则之上的。自然原则要求家长尊重孩子的成长规律，但不是放任自流，一定的训练是非常必要的。父母在养育儿童的过程中，还应尽量让儿童自己学会解决问题，让儿童学会自立与独立。

4. 为儿童提供教育场所

独生子女在社会生活方面出现各种"问题"，主要是缺乏相关教育导致的。单凭独生子女的父母或者家庭内的其他力量，是无法预防或解决这些问题的，因此我们必须通过其他的方式为儿童提供他们所缺乏的教育因素。幼儿园、保育所、学校等是最为理想的集体教育、社会生活教育场所。

（三）家庭社会学研究领域

儿童是在一定的家庭环境中成长起来的。日本学者在研究中反复强调，家庭环境和家族成员间的关系状况，对儿童人格的形成有着强烈的影响。日本的教育政策、法规和文件不断地强调"家庭是教育的原点""家庭是最高的学校""家庭是婴幼儿教育的基础"等。

而独生子女和非独生子女的家庭生活环境是有差异的。这种差异主要表现为家庭人员、人际关系的巨大区别。独生子女家庭中只有三种关系，即夫妻、父子（女）、母子（女）。父母和孩子之间只存在一种单纯的纵向关系，表现为命令与服从、保护与依赖、给予与接受等。在非独生子女家庭中，除了父母与子女的纵向关系之外，子女之间还存在同胞手足的斜向关系。可以说，独生子女家庭的人际关系是一个面，而非独生子女家庭的人际关系是立体的，它比独生子女家庭的人际关系更加纷繁复杂。这种家庭关系为孩子将来面对复杂的社会人际关系提供了一种极为有益的经验。共同生活甚至吵嘴打架的兄弟姐妹，可以忘记年龄的差别，可以在一种平等的关系基础上进行合作与竞争，这与社会上朋友之间的那种关系是有很多共通之处的。

因此，日本学者研究认为，有兄弟姐妹的孩子，因为从小自然处于与父母的纵向关系、与同龄伙伴的横向关系以及与兄弟姐妹的斜向关系这三种相互关系之中，而其中的斜向关系是孩子建立与同龄伙伴的横向关系的桥梁，但是独生子女由于没有这种自然的斜向关系，所以要想进入横向交往关系也比较困难。孩子们必须面对成人世界，在成人世界中寻求成人的理解有时非常困难，这会使孩子们感到很烦恼。其烦恼表现为两种：一种是不得不进入成人世界，因无法理解成人世界的规则而产生的烦恼；另一种是因不被成人社会接受而产生的烦恼。这需要通过为他们创设"伙伴环境"，鼓励他们与周围的同龄人交往等途径来解决，当然家庭中两代人之间的交往关系的改善也有着积极的作用。

梅田文绘就独生子女父母的教养态度和独生子女的特异性进行了专门研究。他把父母教养态度分为五种类型：溺爱型、严格型、放任型、民主型和矛盾型。溺爱型教养态度会导致六种特异性，严格型教养态度会导致八种特异性，放任型教养态度会导致十一种特异性。其中特别明显的是，溺爱型教养态度会导致独生子女任性、依赖性强，严格型教养态度会导致独生子女利己和心胸狭隘，放任型教养态度会导致独生子女好动感情，而民主型教养态度会使独生子女显现出明显的自我感觉优越的倾向。从他的研究结果来看，就父母的教养态度而言，民主型教养态度不会导致独生子女产生特异性，而其他教养态度会导致独生子女出现一定的问题。因此，家庭两代人之间构建民主型的关系对独生子女健康人格的形成有着良好的促进作用，更有利于独生子女融入社会。

三、日本独生子女研究强调的重要因素

（一）父母职业和家庭环境对独生子女的影响

前文所述青木诚四郎的研究显示，在中上层家庭中，独生子女没有非独生子女的学习成绩好，留级率相对较高；而在下层家庭中，独生子女的学习成绩比非独生子女的学习成绩好。这说明家庭状况影响

着独生子女的学习成绩。

村山良子重点研究了父母职业对独生子女的特异性的影响。其研究结果认为独生子女的特异性因父母职业的不同而不同（见表6-4）。[①]

表6-4 父母职业与独生子女的特异性

父母职业	独生子女的特异性
专门性职业	好反省、外向、朋友多、喜欢独自一人、有协同性、好自己埋头钻研、有从属性、有意志、有虚荣心、有责任感
无职业	神经质、不健康、内向、朋友少、爱读书、有指导性、有协同性、亲切、有决断力
职员性职业	外向、和朋友关系良好、喜欢许多人在一起、干活迟缓、好空想、利己、有从属性
商业性职业	神经质、不健康、好反省、内向、朋友多、喜欢许多人在一起、有虚荣心、好空想、利己、见异思迁、依赖别人、意志薄弱
技术性职业	轻微神经质、外向、和朋友关系不好、喜欢独自一人、无协同性、不亲切、好忌妒、有依赖心、无责任心
半技术性职业	和朋友关系极为不好、有忌妒心、不亲切、无责任心

从表6-4中我们可以看出，神经质、好空想、见异思迁和依赖性强等独生子女的特异性，在父母职业为专门性职业的独生子女身上很少出现。村山良子认为，这是由于其家庭的文化教育水平起了控制独生子女特异性的作用。另外，父母职业为商业性职业的儿童受到不稳定的家庭环境的影响，被认为具有非常明显的特异性。

另外，松下觉的研究认为，家庭构成的状况不同会使独生子女表现出不同的特异性。双亲俱在（与亲生父母共同居住）的独生子女，其特异性不明显。与双亲和祖父母一起生活的独生子女常表现出"自高自大、爱挑别人的毛病、虚荣心和嫉妒心较强"。与养父母共同居住的独生子女表现出"早熟、容易动感情、自负、真实、忧郁"。单亲家

---

① 参见山下俊郎. 独生子女的心理和教育［M］. 陈吉军，金东淑，译. 哈尔滨：黑龙江人民出版社，1984：104.

庭的独生子女表现得更为要强和神经质。

（二）人际交往教育对独生子女有重要影响

家庭环境影响着一个人的性格形成，这是毋庸置疑的。家庭环境包括经济状况和人际关系等诸多方面。在多子女家庭中，兄弟姐妹之间的关系对儿童的性格形成有很大影响。

一般认为，在兄弟姐妹中最受重视的就是长子，最容易出问题的是最小的孩子。对于长女来说，她自然会帮助妈妈照看弟弟妹妹。一般来说，家中排行老大的孩子的性格都比较憨厚、质朴。处于中间的孩子常常会因受到哥哥姐姐的压力而变得更坚强，同时，他们往往能够通过观察哥哥姐姐与父母如何相处来吸取教训、避免犯错，因而往往比较圆滑。家中最小的孩子，由于从小受到多方照顾甚至是父母的娇生惯养，性格与独生子女极为相似。

多湖辉的研究发现，独生子女很容易任性，不懂得谦让，这是因为在家庭中，他（她）没有吵架的对象，没有因兄弟姐妹们的存在而不得不忍受某些事情的经历，无法体验到人际交往中谦让、分享的乐趣。儿童时期，兄弟姐妹之间的争吵是一个人成长过程中的重要体验。争吵会迫使人们想到自己之前没有想到的事。如果想让任何事情都按照自己的意愿发展的话，就会与别人发生冲突。有的时候，孩子们打完架没多久，就在一起分享起点心，和好如初了。独生子女没有这种经历，对伤人或被伤都没有"免疫力"，因此在心理上往往会表现得很脆弱。因此，建议独生子女的父母多让自己的孩子走出家门，与其他孩子加深交往，扩大生活圈。① 另外，独生子女容易成为"旁观者"。很多时候，他们不知道该怎样融入其他孩子的世界，也不知道该怎样同其他孩子成为朋友。这时候就需要父母来告诉他们人际交往的规则。在幼儿园里，实施混龄教育是一种增进独生子女人际交往的重要方式。教育者要让儿童明白，其他人同自己一样重要。

---

① 多湖辉. 写给独生女的书 [M]. 侯丽颖，译. 北京：科学出版社，2006：15-16.

（三）父亲的榜样作用对独生子女有重要影响

多湖辉的研究认为：独生子女家庭和多子女家庭各有各的好处，独生子女的家庭环境不一定不利于孩子的成长。在孩子成长的过程中，充分发挥其"独生子女"的特性，这才是最重要的。换言之，家庭教育的方式极大影响和决定了独生子女的能力的形成。他特别强调了父亲在独生子女家庭中的巨大作用，尤其认为父亲对独生子性格的影响力不可轻视。

多湖辉认为，父亲是儿子的榜样。对于独生子来说，除了父亲以外，身边能够接触到的成年男性主要是学校和培训班的老师。学校中的男老师要负责对大量学生的教育工作，所以独生子可能无法从他们身上确切地了解到男性究竟是怎样的一种生物、平时都会想些什么等。因此，父亲更有责任了解独生子的感受，把他教育成一个身心坚强的人。

心理学研究表明，父亲对子女的性格影响非常大。在大多数独生子女家庭中，母亲担负了更多的教育任务，父亲的作用没有得到充分的体现。因此，日本研究者提出必须发挥独生子女家庭中父亲的榜样作用。

四、日本独生子女研究的重要成果

（一）彻底否定了独生子女是"问题儿"的观点

日本是受儒家文化影响较深的亚洲国家之一，结婚生子、传宗接代是老一代日本国民根深蒂固的观念。在"二战"时期及"二战"后，日本政府都是鼓励多生多育的，以确保国家有充足的劳动力资源。但是，进入20世纪90年代后，日本的人口出生率越来越低。现在，少子化、老龄化是日本社会面临的两个巨大问题。

日本政府公开承认，在世界上，日本是一个无比突出的"少子又兼老龄化"的国家。实际上，从2005年开始，日本就进入了人口负增长时代,"合计特殊出生率"(女性一生中生育孩子的平均数)仅为1.26,达到了历史上的最低点。这种趋势如果继续发展下去,可以预计:到2050年日本人口将下降到1亿人,到2100年日本人口将只是目前的一半。同时,老龄化如果进一步发展,不久之后,每3个日本人之中就将有1个是65岁以上的老人。日本政府已经深刻认识到,上述问题关系到国家和民族的竞争力乃至存亡。20世纪90年代后,日本的独生子女研究与少子化研究密切关联起来。

迄今为止,人们对独生子女进行了大量的研究。分析这些研究的共同点和不同点,并据此对独生子女的心理、性格、行为等进行深入实证研究后,以山下俊郎等为代表的日本学者,否定了美国学者霍尔所说的"独生子女就是一种病"的片面观点。他们做出了"独生子女,特别是现实社会中的独生子女未必都是'问题儿'"的结论。

(二)阐明了家庭教育与环境是影响独生子女性格形成的重要因素

日本学者还认识到,独生子女周围的环境因素比"是独生子女"这一因素更为重要。也就是说,独生子女本身不一定会存在"问题",但是围绕独生子女的各种环境因素会带来问题。

他们吸取临床研究经验,认为把独生子女容易出现的各种问题全部列举出来,并据此描绘出独生子女的形象,进而揭示独生子女问题成因是很有效的方法。具体来说,这种方法是先把独生子女周围环境中的因素逐个抽取出来,最大限度地将它们观念化,然后再把这些被高度观念化了的因素组合起来,建构起独生子女的典型形象。实际上,这个形象集合了临床上发现的独生子女的各种特性。日本学者由此研究清楚了独生子女存在的问题及问题产生的原因,并把这种方法作为解决实际问题的一种方法推广开来。例如,他们基于独生子女的特性,着重对独生子女存在什么问题、问题是否具有普遍性及其发生的时间、条件等情况进行了详细考察。同时,日本学者研究了把独生子女培养成理想社会成员的各种合理的教育方法。他们关注少年儿童的生长环境（包括家庭、学校、社会、父母、老师、兄长等），特别是父母与子女的关系、兄弟姐妹的关系、家族关系（或者说家庭关系）等，将这些作为重点课题进行了深入考察。日本在独生子女教育方式研究方面取得了很大进展。

（三）揭示了21世纪独生子女社会性培养的重要方法

立足于21世纪，着眼于人类未来的发展，培养具有国际竞争力的人才，已经成为当今各国教育共同关注的课题。20世纪70年代初，联合国教科文组织发布报告指出，未来人才必须具备四大能力，其中之一是"学会共同生活，学会理解、尊重和控制冲突"。国际21世纪教育委员会还提出了人才素质的七条标准，其中之一就是"有与他人协调、进行国际交流的能力"。日本社会对合作精神特别看重。从学前教育阶段开始，集体主义与合作精神就被定为主要的培养内容。企业录用人员时也把合作能力作为重要的参考标准。日本厚生省发布的雇佣管理调查结果显示，三项重要的因素决定了招聘单位对大学毕业生的选择，它们是"积极性和动机""与人沟通能力""常识和文化"。日本发布的年轻人找工作所需能力的调查结果显示，"与人沟通能力""基础学术能力"在文书工作和销售工作中被强调得最多。日本学者认为，"与人沟通"是解决问题的重要手段和方式。但是，独生子女没有与兄弟姐妹共同生活的经历，害怕受到伤害，不敢与人辩论，走上社会后，不可避免地会遇到一些冲突和矛盾。为了应对这些问题，他们必须学会理性争辩、互相理解、团结合作。

社会成员要在合作中学会竞争，在竞争中理解合作的重要意义与价值。非独生子女家庭的孩子在处理与兄弟姐妹的复杂人际关系的过程中，对于合作与竞争有很多亲身体验。而在独生子女家庭中，孩子所能感受到的只是与父母之间的关系。他们进入幼儿园、学校甚至长大成人走入社会之后，一下子就要面对复杂的社会关系，所以往往不能迅速地融入，容易感到迷茫、畏惧，难以周全妥善地应对各种情境。为此，日本学者在独生子女教育方法方面进行了许多开创性研究，如提出了旨在构建不同年龄孩子纵向关系的"混龄式教育形态"。

为实现建设人才大国的目标,2001 年 3 月,日本政府出台了"第二个科学技术基本计划"。日本政府雄心勃勃地表示:要在"未来 50 年培养 30 个诺贝尔奖"获得者。截至 2019 年,已经有 27 名日本人获得诺贝尔奖,其中生理学或医学奖获得者就有 5 人,日本在遗传学等方面的研究具有国际领先地位。上述计划对日本少子化时代的教育方针、对独生子女的教育方法都将产生重要影响。今后我们将继续关注日本在独生子女教育方法方面的研究与创新。

第七章　促进现代家校协作的改革

目前，世界各国已普遍认识到，青少年的教育仅靠学校单方面的力量是难以实施的，需要社会各方面尤其是家庭的通力合作。2015 年 11 月第 38 次联合国教科文组织大会通过的《教育 2030 行动框架》描画了到 2030 年全球教育的发展目标、策略和行动计划。为了人类、经济、社会和环境的可持续发展，关注教育目的和相关性是"教育 2030"的典型特征。到 2030 年，全球教育体系将招收数以亿计的儿童青少年完成基础教育（学前教育、小学教育及初中教育），并为全民提供平等接受高中及高等教育的机会，同时提供儿童早期教育和保育来确保他们日后长期的发展、学习及健康。教育还要确保所有儿童、青年及成人正在学习并掌握读写等相关技能。未来要超越功利化的教育方式，并整合人类生活的多个层面。教育是一项公益性事业，民间团体、教育工作者、家庭、青年及儿童在实现优质教育中都起着重要作用。鼓励社会各界（青年及父母）参与学校的领导及管理，提高制度的有效性。在各国政府的主导下，多方利益相关者应该参与审查并采取行动，履行义务，制定强有力的法律和政策框架，为素质教育的实现和可持续发展奠定基础。①

可以说，家校协作是当今和未来学校教育改革的一个世界性课题。一些发达国家在兴办让家长和社区信赖的学校、实行由多方人士参与管理的开放式办学模式方面已积累了很多经验。家长委员会②是由学生家长和教师代表组成的互相沟通、学习交流、开展活动的教育组织。

---

① 胡佳佳，吴海鸥. 联合国教科文组织发布 "教育 2030 行动框架"：描画全球未来教育的模样 [EB/OL]. [2021 - 03 - 01]. http：//www. edu. cn/edu/zong_he/zong_he_news/201511/t20151116_1338224_2. shtml.

② 联合国教科文组织教育权利问题研究和政策规划顾问辛格（K. Singh）在对我国《国家中长期教育改革和发展规划纲要（2010—2020 年）》英文版的建议中提出，"家长委员会"（parents' association）通常是"家长-教师委员会"（parents-teachers association）。

其目的是在学校与家庭间搭建起一座沟通的桥梁，加强家长与学校之间的互动，以共同探讨、协商解决孩子成长过程中的各种问题，为孩子们营造学校、家庭、社会三位一体的立体化学习环境。

本章从日本家长委员会产生的历史和社会背景入手，揭示该组织建设的思想原则、理论基础以及相关配套政策与制度设计，研究其发展历程及其对教育所产生的促进作用，从而对家长委员会制度有一个整体的、全面的把握；在此基础上，从静态和动态、宏观和微观等不同层面深入探讨家长委员会的组织结构、运营方式、特点及其作用；最后，提出建设中国特色现代家长委员会制度的系统设计，为我国构建现代学校制度、推进教育治理体系和治理能力现代化提供参考。

一、创建家长委员会制度

1946 年 3 月，美国派遣了一个由教育专家组成的使节团来帮助日本进行教育改革。经过认真考察，使节团向日本建议：面向日本全国中小学校，积极推动家长委员会的组建工作。在美国的直接指导下，1946 年秋天，文部省内的家长委员会正式成立。该委员会参照美国的家长委员会模式，于 1947 年 3 月颁布《家长委员会：面向教育的民主化》，这一文件成为地方创建家长委员会的指导性文件。此后，家长委员会在日本各地中小学很快建立起来。1950 年 1 月，家长委员会的会员总数就达到了 1500 万人，93% 的小学、89% 的初中、81% 的高中都成立了家长委员会，25 个都道府县（全国共 47 个）还成立了家长委员会联合会组织。1952 年 10 月，日本全国家长委员会联合会成立。

发展至今，"社团法人日本家长委员会全国协议会"已成为日本最大的全国性的家长委员会联合会组织，它由各地公立（初）中小学校家长委员会构成，2010 年 6 月已拥有会员约 840 万人。其结构呈"金字塔形"。"社团法人日本家长委员会全国协议会"是全国性机构，其下包括北海道、东北、东京、关东、东海北陆、近畿、中国、四国、九州等九大区域的家长委员会联合会组织。每个区域性组织是由其区域内的多个县级联合会组织组成的。县级联合会组织则由各市町村的学校家长委员会构成。2010年基层的家长委员会约有28000个。

需要指出的是，日本全国性的家长委员会联合会组织，并非只有"社团法人日本家长委员会全国协议会"一家。"社团法人全国高等学校家长委员会联合会"①（2010年7月会员数约为228万人，入会率为82%），由高中教育阶段学校的家长委员会构成。"全国国公立幼儿园家长委员会联络协议会"（2010年6月会员数约为20万人，入会率为64%）、"全日本私立幼儿园家长委员会联合会"（2010年7月会员数约为135万人，入会率为64%）、"全国国立大学附属学校家长委员会联合会"（2010年4月会员数约为10万人，入会率为99%）等，也都是全国性的家长委员会联合会组织。也就是说，日本全国性的家长委员会联合会组织的会员涵盖了18周岁以下儿童的就学机构。②

值得注意的是，日本的家长委员会联合会组织的各层级之间并非严格的上下级关系。事实上，日本的家长委员会联合会组织从其产生的第一天起，一直坚持组织工作的独立性，排除任何政党、党派或其他团体的干涉。"社团法人日本家长委员会全国协议会"会根据需要，独立制定每年的工作方针和重点规划。其主要活动包括组织召开每年一次的全国大会，不定期地举办经验交流会，编印发行会刊、报纸、资料文集，以及开展有关教育改革问题的各种调查等。通过这些活动，各级家长委员会联合会组织保持着一种经常性的联系和合作。

经过70多年的发展，日本家长委员会组织成为由全国联合会、区域联合会、县级联合会、基层家长委员会构成的组织机构，拥有1000多万名会员。日本各地、各层级、各种组织形式的家长委员会在深化家校协作和推进教育管理方面贡献突出。1948年它就开始发行会刊《日本家长委员会》，1956年以后每年定期举行家长委员会宣传周活动，1984年以后还定期发行《家长委员会实践示范集》等。更为重要

---

① 此处的"高等学校"相当于我国高中教育阶段的学校。

② 王晓燕. 部分发达国家家长委员会及其相关制度：英日美澳新等五国情况概述［J］. 研究动态，2011（4）：39.

的是，它根据每年全国大会制定的活动方针，积极有效地推动了包括
日本义务教育及教科书的免费、学校保健安全、学校午餐等方面的立
法工作，在日本"二战"后的教育改革中发挥了举足轻重的作用。①

二、发挥家长委员会的作用

（一）教育改革的倡导者和推动者②

日本家长委员会以社团法人身份参与社会活动。在涉及学生利益
的全国性教育改革及教育政策的制定中，家长委员会都会积极主动地
提出自己的建议和意见。

1. 支援学校实施"综合学习时间"

日本在 1998 年颁布的《学习指导要领》（2002 年在中小学校全面
实施）提出，在小学三年级以上增设"综合学习时间"，其目的是：培
养学生自己发现问题、独立学习、独立思考、自主判断和解决问题的
素质与能力；培养学生自主地、创造性地参与解决问题和研究活动的
态度，使其能够思考自己的生活方式，提高生活能力。其内容主题有：
与地方和学校特色相关的学习活动；国际理解、信息、环境、福利和
健康等跨学科的综合性问题；学生感兴趣和关心的问题；等等。《学习
指导要领》没有对具体实施方式进行明确规定，而将创造性实施的权
利赋予了各地区和学校，期望各学校能够发挥创意和积极性，有效利
用各地方资源开展学习活动。日本各地家长委员会配合《学习指导要
领》的要求，以会员为中心，有组织地为学校提供各类人才信息，帮
助学校聘用兼职讲师、招募学校志愿者，争取校外人士协助学校推进
"综合学习时间"的实施。家长委员会根据课程目标组织家长学习，积

---

① 王晓燕. 部分发达国家家长委员会及其相关制度：英日美澳新等五国情况概述 [J].
研究动态，2011（4）：39.
② 史景轩，王印华，陈娟. 日本家长教师协会在推动教育发展中的作用 [J]. 中小学
管理，2006（4）：52-53.

极承担任务，接受学校委托，由年级委员长、各班级委员与班主任商谈，制订实施年级活动计划，在理解本国文化与别国文化、理解人类社会、培养表现力、理解世界现状等方面开展了多种多样的活动。

2. 促进学校实施"周五日制"

所谓"周五日制"，就是在一周中，学生在学校上五天课，周六、周日休息两天。1992 年以前，日本中小学实施的是周一至周六上课，周日休息一天。20 世纪 90 年代以来，以追求个性化、自由化为特征的教育改革在日本兴起。把孩子还给家庭和社区，让孩子生活得自由和轻松一些，增加父母和孩子接触的时间的教育观点在社会上广泛传播。1992 年文部省颁布了"文部省第四号令"，在公立或私立的幼儿园、小学、中学、高中实行"不完全周五日制"，即每个月的第二个周六为休息日，其他周六仍继续上课。为了使学生和家长平稳地适应这一改革，1994 年 11 月文部省又颁布了"文部省第四十六号令"，决定从原来的每月只有一个周六休息改为每月有两个周六休息。[①] 2002 年 4 月，家长委员会不仅促成了"完全周五日制"的实施，还想方设法使"完全周五日制"成为真正为孩子们健康成长而制定的政策。家长委员会设计了亲子露营、远足、运动、烹调、节日庙会、老少交流等各种活动方案。为充实体验活动的内容，家长委员会还制订并实施了"儿童计划——培育孩子的三年紧急区域计划"，组织了由大学教师、高中教师、大学生等主讲的"儿童科学实验室"系列讲座。

（二）教育问题的积极应对者

家长委员会还为解决教育问题出谋划策、奔走呼喊。例如，1999

---

① 施雨丹. 完全周五日制：日本推进基础教育改革的重要举措 [J]. 比较教育研究，2003（9）：17-21.

年有一项关于"班级崩溃"① 的调查，结果显示：约一半的家长委员会会长和校长认为，造成"班级崩溃"的原因是家庭教育能力低下。东京都公立小学有 2% 的班级、20% 的学校存在"班级崩溃"现象。对此，家长委员会采取积极措施，协助学校恢复班级功能，重建能被学生和家长信任的班级。

1. 了解班级状况，做到未雨绸缪

家长委员会提出，在未发生"班级崩溃"前，要注意观察班级的情况，教师和家长要加强日常协作，及早应对。比如：以班级家长委员会为单位，选举"儿童健康成长执行委员"，建立家长和教师、学校和家长委员会的日常联系制度；帮助为孩子的教育而烦恼的家长解决问题，并建立长期咨询机制；由家长委员会召开有关"班级崩溃"的会议，提高家长委员会会员对孩子问题行为的认识和应对能力。

2. 积极支援班级教学

家长委员会会员从事各种职业，可以通过开发"家长委员会志愿者银行"进行人员调配，利用拥有专业技能的优秀人才创建有魅力的课程。家长委员会灵活运用兼职、兼课教师制度，在中小学的综合学习时间里，由家长委员会会员等在一线教学现场直接对孩子进行指导，避免"班级崩溃"的发生。

3. 创建开放学校

在"班级崩溃"频繁发生时，不可能仅靠学校教职员来解决问题。如果开放学校，就可以使家长乃至社区内的每一个人都看到孩子们在

---

① "班级崩溃"是 20 世纪 90 年代以来日本学校中出现的比较突出的教育问题。它主要指由于学生捣乱、行为不端、干扰教师等造成课堂无法维持、教师难以或无法进行正常授课的现象。如果只是因为有一两个特定的调皮的学生，整个班级就被闹得乌烟瘴气，日本人把这样的班级叫作"指导困难班级""胡闹班级"。但是，"班级崩溃"与之不同，因为崩溃不是一两个特定的学生造成的，而是由班级的大多数学生甚至所有学生造成的。

学校的日常生活情况，从而能够较早地发现孩子的点滴变化，提高及早应对的可能性。在学校内为社区人士增设终身学习场所（如横滨的公共活动室、京都的公共广场等），可以增加成人与孩子的交流机会，提高居民教育孩子的意识。

（三）学校教育活动的支持者

家长对学校的支援活动，以前只局限于清扫教室、校园等。家长委员会成立后，对授课、学校例行活动、班级活动等过去只由教职员组织的活动都给予了支援。家长与教师的合作是多方面的，归纳起来主要有进行学业指导、职业生涯指导、生活指导等三个方面。

1. 学业指导

家长首先要理解学校教育活动。家长委员会努力理解学校的教育目标和指导重点，理解有关学习的各种社会性问题，经常与教师召开座谈会、学习会，就评价考核、升学制度等各种问题进行讨论。有的家长委员会要求家长每月参加一次学习日活动、担任班主任、为教师当助手，具体内容包括准备教学资料、组织分组教学等。家长事先要与主讲教师进行沟通，积极准备。

2. 职业生涯指导

在日本，学校及家长非常重视孩子的职业选择，开展了很多职业生涯教育活动。学校和家长委员会鼓励孩子多听人们对各种职业的意见，多读书，了解自己的兴趣、爱好，多思考自己适合从事什么职业。在假期，身为家长委员会会员的家长以自己工作的场所为中心，安排初高中学生开展劳动体验学习和职业实习，提高他们的职业意识。

3. 生活指导

日本的学校重视对学生的生活指导，而不是一般意义上的管理。要进行指导，就必须观察学生在校内、校外的生活状态。家长委员会与学校充分合作，了解学生行为方面的特征，如在学校的习惯；了解学生的思想特征；了解学生的健康问题，如近视、龋齿、缺钙等；了解学校供餐的问题，如饭菜的品种、营养搭配；了解净化环境的问题，如自动售货机出售不健康图书的问题、游戏厅的问题、俱乐部活动的问题等。

（四）家长与教师关系的调节者

1. 建立家长与教师的平等关系

虽然教师的教学、研究工作非常繁忙，但很多教师也是家长委员会会员，所以家长委员会尽量创造条件让教师参加家长委员会的活动。因为孩子的关系，家长一般会自然地将教师当成教育者，将自己当成受教育者。家长委员会成立后，家长摆脱了这种意识，站在平等的立场上与教师共同参与活动。

2. 互相尊重，彼此信赖

家长参与授课辅导，在一定程度上充实了授课内容，减轻了教师的负担，其自身也体会到了教师的辛苦，加深了对教师的理解。对于班级经营、学校经营，家长委员会会慎重地提出意见。校方不过度干涉家长委员会的事务，以加深相互理解和信赖。

（五）儿童良好成长环境的积极创建者

随着经济的高速发展和社会的进一步开放，日本的电视台、报刊迅速扩张，并产生了激烈的竞争。为了提高收视率，各种不健康的电视节目竞相出台。20世纪70年代后半期，日本进入"二战"后青少年不良行为的高发期，校内暴力事件多发，原因之一就是教育环境恶化。对此，全国性的家长委员会联合会组织采取积极的对策，开展了净化社会环境的行动。

1. 评选电视节目

全国性的家长委员会联合会组织曾向文部科学省提出申请,每个地方选出 5 个、全国选出 7 个最不适合学生的不良节目,向制作方和出资企业提出中止播出或改善的请求。各地家长委员会针对那些支持不良节目播出的出资企业,还发起了抵制其商品的运动。家长委员会的上述行动在社会上引起了强烈反响。

2. 清除有害图书

全国性的家长委员会联合会组织曾向国会提出"请求禁止在学生上学的路上设置有害图书自动售货机"的请愿书,同时也对成人发出了不买有害图书的呼吁。

从以上日本家长委员会所发挥的功能和作用来看,其对国家教育改革及儿童发展起到了促进作用,为家长和社会参与学校教育,为儿童教育的社会化提供了一个组织平台。其对构建健全的学习环境、推动教育改革、解决学校教育问题、充实家庭教育、协调家校之间的关系等,发挥了积极的作用。可以说,日本家长委员会的活动已经远远超出了监督学校教育的范围,已经成为以关心儿童健康成长为目标的,联系学校、家长和社会的桥梁。

当然,在法律层面上,日本的家长委员会也受到《社会教育法》的管辖和保障。同时,文部科学省内设"家长委员会审议会",负责就家长委员会的设立、宣传以及活动内容等进行审议。由于加入家长委员会是自愿的,因此任何认同家长委员会目的的家长及教师都可以自主参加。《社会教育法》规定家长委员会属于社会教育团体,其活动旨在深化社会教育、家庭教育及学校教育的联合,以达到促进青少年健康成长、为社会发展做贡献的目的。

三、导入学校评议员制度①

在日本的家校协作中，还有一项改革值得我们关注，那就是导入学校评议员制度。1998 年中央教育审议会的咨询报告《关于今后的地方教育行政》提出了导入学校评议员制度的设想。2000 年的《〈学校教育法〉实施规则等部分修订》对导入学校评议员制度的目的、意义及措施等做了详细说明，并决定从 2000 年 4 月开始施行。至此，日本确立了委任家长和社区居民作为学校评议员，校长听取学校评议员对学校运营的意见和建议的规定，这是日本第一次将家长和社区居民参与学校运营制度化。

日本导入学校评议员制度的宗旨，是建立赢得家长和社区居民信赖的学校，使学校与家庭、社区联合协作，促进孩子们健康成长。这一制度能够适应学校和社区的实际，反映家长和社区居民对于学校运营的意见，使学校得到他们的协助。同时，学校也有责任把自身的运营状况向家长和社区居民做出说明，学校评议员也是学校履行说明责任的重要途径之一。

近年来，日本重视培养学生的生存能力，认为学校和社区应该开展有特色的教育活动以及针对每个学生的个性给予细致的指导。学校评议员可使学校、家庭、社区携手，在更好地实现教育目标的同时，提高学校的自主性和自律性，校长可在进一步把握社区需求的前提下，决定学校的管理行为。同时，学校评议员也期待学校与社区联合开展各种教育活动，如建立社区信赖的有特色的学校，配合与支援"综合学习时间"的实施，建设有利于学生成长的社区等。

关于学校评议员的设置也有一系列的规定。中小学可以根据学校设置者（如学校所属的教育委员会）的决定设立学校评议员；学校评

---

① 李天鹰. 英美法德日诸国的学校内部管理体制改革 [J]. 外国教育研究，2004（12）：35-37.

议员要从本校职员以外的熟悉、理解教育的人员中选择，由校长推荐，由本学校的设置者授权；学校评议员要应校长的要求，提出与学校运营有关的意见。国立大学的附属学校要根据大学校长的决定来设置学校评议员；要选择这所国立大学职员以外的熟悉、理解教育的人员担任学校评议员，学校评议员由附属学校校长推荐，大学校长授权。学校评议员的人数与任期等具体内容，由教育委员会等决定。

导入学校评议员制度的学校校长，要就学校的活动状况等向学校评议员做详细的说明，这一点是极为重要的。同时，学校评议员也要广泛、真实地代表家长和社区提出建设性意见，并把学校的管理运营状况传达给家长和社区，从而起到桥梁或纽带的作用，使学校进一步得到来自家长和社区的协助。

四、加强家校协作机制建设

学校的建设和发展，不仅应接受教育行政部门的管理，还需要广泛听取社区、家长、教师、学生的意见和建议，特别需要家长组织的适度参与。只有团结、带动、组织家长和公众，加强学校和家庭、社会之间的联系，引导家长和公众理性地参与学校教育和管理，才能实现教育应有的功能，才能真正把教育办成共同的事业。

（一）推进家校协作是教育改革发展的一项战略任务

学校与家庭、社会的相互沟通和紧密合作，对于青少年的健康成长具有重要和深远的意义。有研究表明，几乎任何形式的家长参与都会对孩子的成就产生影响，这种影响是积极和深远的。凡是家长参与程度较高的教育活动，均能使学生在学业、情感、社会化等方面表现出色。日本的家长委员会致力于加强学校与家庭、社会的联系，创造有利于青少年成长的环境，已成为不容忽视的教育力量。我国也应把建立家长委员会、推进家校协作作为教育改革发展的一项战略任务，认真实施。

（二）推进家校协作是教育改革的一项重要课题

建立家校协作机制，是现代教育发展的必然选择和教育改革的一项重要课题。产生于工业文明时代的学校教育制度，在知识经济、信息社会和全球化背景下，已不能独立承担培养适应社会需要的各种人才的职责，而必须走向开放，与家庭和社会生活紧密结合起来。在家校协作机构的性质、功能、地位、作用、组建模式、工作内容、运行机制、评价标准以及人员培训、条件保障等方面，已有大量理论与实践成果。我们也应对我国现行的学校管理体制、教育管理体制、人才培养模式进行调整。

（三）推进家校协作应被纳入教育法制建设

家长参与教育，是推进教育公平、公正和民主的必然要求，必须有国家法律加以保障。日本、德国、法国等均已颁行了有关家长参与教育的法规，并普遍建立了从中央到地方的组织体系。2004 年日本国会修改《关于地方教育行政的组织及运营法》，规定学生家长和社区居民可成为学校管理运营协议会的委员，通过参与学校管理运营协议会的工作全面了解学校的教育状况。这为家校协作提供了切实的法律保障。2021 年 10 月，我国公布了《中华人民共和国家庭教育促进法》，将家校协作纳入了法制轨道。

（四）推进家长委员会制度建设必须坚持"两手抓"

家校协作机构功能的充分发挥，有赖于学校与家长在思想观念上的统一和在行动上的配合。"家长委员会首先应该是独立于学校管理体系、又与学校管理紧密结合的一个教育组织，对学校教育实施有效的社会监督和评价；其次，它应该是学校教育活动的有效补充形式，可以从社会、家庭的需求出发，为孩子的成长提供一些学校无法完成的教育环节；最后，家长委员会是归属于所有家长的，家长们在陪伴孩子成长的同时，可以通过家长委员会的活动，与其他家长间的互动，拓展自己的交往空间，结交更多的知己朋友，最终实现自身与孩子的共同成长。"① 总之，无论什么形式的家长委员会组织，都应当有助于保障家长对学校教育的知情权、参与权、表达权、监督权，否则，建设现代学校制度、推进教育治理体系和治理能力现代化将无从谈起。依据我国社会和教育的发展现状，家长委员会制度的建设必须坚持"两手抓"的方针：一手抓教育部门的教育理念更新，一手抓家长公民意识和教育素质的提升。

（五）推进家校协作应做好功能定位和模式选择

家校协作的功能定位和模式选择，既要遵循现代教育的基本理念和价值标准，又要从实际出发，因地制宜。美国的学校教育经费有很大部分来源于团体和个人，因此家长委员会可以选聘校长和教职员、选择课程与教材，家长可以随意参加学校教育教学活动。相比而言，日本主张教育系统应按照自己的工作规程行事，学校拒绝来自家庭和社会的外部干扰，家长委员会通过一定的组织与机制参与学校教育管理。鉴于此，我国家长委员会的建设工作，应当根据自己的国情，采取因地制宜、分类指导、分步推进的工作方针。

---

① 王晓燕，涂端午，汪明. 关于基础教育现代学校制度的思考 [J]. 中国教育学刊，2009 (4)：11-14.

第八章 强化中小学社会教育

日本是众所周知的教育发达国家，其发达不仅仅表现为正规学校教育取得了突出成就，还体现为社会教育高度发达。

"二战"后，日本逐渐形成并完善了自己独特的社会教育模式，建立了一套立法、决策、咨询、管理、执行一体化的社会教育管理运营机制，形成了从政策法规到管理实践的完整的社会教育体系。日本的社会教育促进了日本的国家振兴、社会经济发展。考察日本中小学社会教育的政策与实践，可以为我国家校社协同育人机制的建设提供参考和借鉴。

一、健全社会教育的政策法规

日本社会教育有着悠久深厚的传统。它的起源可以追溯到明治维新时期。为传播文化科学知识，启发民智，促进近代化，日本大力发展社会教育，广泛建立了博物馆、图书馆等社会教育设施。在"二战"前，日本的社会教育表现出明显的政府主导色彩，主要在农村实施，教育对象以青年为主，固定教育场所和专门设施很少，教育方法以各种社团学习、讨论、演讲为主。有组织的、受到教育行政部门指导管理的、以少年儿童为对象的社会教育主要是从"二战"后开始发展起来的。[1]

"二战"后，日本首先为社会教育建章立制，在法律上做出明确定位，予以规范管理。1946 年公布的《日本国宪法》第 25 条规定"一切国民都享有维持最低限度的健康和有文化的生活的权利"，1947 年

---

[1] 赵丽丽. 回归素质教育的本原：日本小学生校外教育探究 [J]. 基础教育参考，2006（3）：18-21.

《教育基本法》明确规定"国家和地方公共团体必须大举奖励社会教育，通过利用图书馆、博物馆、公民馆和其他社会教育设施、学校设施提供学习机会和信息等适切的方法，努力实现教育目的"。①在法律中，教育被界定为学校教育、家庭教育和社会教育的总和。1947年日本政府制定了《学校教育法》。此基础上，日本于1949年颁布了《社会教育法》，这是日本社会教育管理的总法。《社会教育法》对"社会教育"的定义是："在学校教育课程之外所举行的、主要针对青少年和成年人的有组织的教育活动。"它从法律上确认了社会教育在整个教育体系中的地位，使社会教育走上了法制化的轨道。此后，日本于1950年颁布了《图书馆法》，于1951年颁布了《博物馆法》，它们与《社会教育法》统称"社会教育三法"。

日本为发展社会教育，颁布了法律、法令法规、条例等，规定了社会成员必须履行的义务。《社会教育法》第3条对国家及地方公共团体的责任做出如下规定："国家及地方公共团体必须依据本法及其他相关法令的规定，通过提供和奖励社会教育所必需的设施设备，举办讲座、制作资料与发放书籍等各种方法，努力创造环境，以方便全体国民能够利用一切机会和一切场所，自主地根据实际生活需要提高文化教养水平。"为使社会教育适应不断变化的社会需要，日本颁布了新的法律法规，对"社会教育三法"加以充实。20世纪80年代中期，临时教育审议会明确提出建立终身学习体系，1990年国会通过了《终身学习振兴法》。2006年《教育基本法》改正案获得通过。该法新增了"终身学习理念"条目，提出"要努力实现这样的社会，即每一个国民为了完善自己的人格及度过丰富的人生而在其一生的所有机会、所有场合都能够进行学习，并且其学习成果能够发挥相应的价值"。该法在终身学习理念之下的社会（校外）教育中，特别增加了一条规定："学校、家庭和地区居民以及其他关联者，在自觉履行各自对教育的责任

① 佚名. 改正前後の教育基本法の比較［EB/OL］.［2021-03-01］. http://www. mext. go. jp/b_menu/kihon/about/06121913/002. pdf.

和义务使命的同时，互相之间必须要努力携手合作。"

二、加强社会教育的行政管理

日本对社会教育实行三级行政管理。文部科学省设生涯学习政策局，负责全国的社会教育调查指导、监督咨询和政策规划。都道府县教育委员会设置专门事务局，其下建立社会教育部，由社会教育部负责管理社会教育的各项事业，侧重于对社会教育的指导奖励、师资培训、区域协调等。市町村教育委员会负责社会教育的具体事务和教育设施的设置、使用与管理。在都道府县和市町村的教育委员会，由社会教育主事和社会教育主事补等专业人员负责社会教育活动的开展。另外，市町村教育委员会有专业的社会教育委员。日本对社会教育的管理指导具体表现出以下特色。

（一）以社区为中心

社区作为儿童日常的生活空间，与社会教育有着直接联系。社区是儿童熟悉的生活区域，其本身就是一种教育环境，蕴含着丰富的教育资源，对儿童有着直接或间接的影响。例如：花草树木、地形地貌等自然环境因素对儿童生活习惯和自然意识的养成具有重要影响，民间文化艺术、先辈的业绩、生活的变迁可以给儿童以历史、文化的熏陶，地域社会中的人际交往、公共活动等对儿童社会知识、社会技能、社会态度的发展起着直接的作用。

（二）以终身教育为指针

1992 年 2 月，日本青少年社会教育活动调查研究者协会在审议报告中提出："仅依靠学校作为形成少年儿童人格的基本途径是非常困难的，因此，校内和校外相结合以使学生获得更多的直接经验就显得尤为重要。"面向终身学习社会的社会教育，不再追求相对于学校教育的独立性，而强调要加强与学校教育的紧密联系，实现学校与社会的教育一体化。日本绝大部分的小学以不同形式向社区开放，如将多余教室改建为社会教育设施等。

（三）以资源共享为途径

日本社会教育的多种机构相互协作，其设施是依据《社会教育法》设置的。社会教育的场所既有综合性的社会机构，也有专门性的针对青少年的机构。前者包括博物馆、图书馆、文化馆、美术馆、天文馆、水族馆等，后者包括少年自然之家、青少年馆、青少年之家、青年馆、青少年中心、儿童馆、青少年研究中心与青少年广场等。

在学校假期及普通节假日，日本的很多学校会对社会开放，给学校周边社区的居民提供利用学校各种设施的机会，并由学校的教职员传授各种知识。这充分体现了"教育社会化、社会教育化"的发展趋势。

围绕建设终身学习体系，日本还进行了社会教育体制的改革，其中一项措施就是倡导"学社融合"。所谓"学社融合"，指的是"在学校教育和社会教育各司其职的基础上，在学习场所或学习活动诸方面将两者的理念与实践部分地融合起来，并形成一个教育青少年儿童的整体"。"学社融合"的核心是使各种教育机构的活动相互协调。

三、充实社会教育的主要设施

社会教育设施是开展社会教育的必不可少的物质基础，是实施社会教育的重要场所。在日本，无论是政府还是民间团体都非常重视充实社会教育设施，特别是文部科学省把扩充和整顿社会教育设施作为一项重要工作来抓。具备"设施三要素"（即达到其设置目的所必需的建筑、设备等物质条件，对人们利用这些建筑、设备所开展的社会教育活动进行援助的职员等人员条件，有关社会教育的信息、计划、事业等职能条件）的社会教育设施遍布日本各地，其中有公（国家和地方团体）办的，也有民办的和公、民合办的。

《社会教育法》规定，社会教育设施的设置与管理主要由地方教育委员会负责，国家主要通过提供财政资助、发布统计信息、开展调查研究等指导和推动地方社会教育事业的发展。下面介绍几类校外设施。

儿童文化中心是综合性的少儿社会教育设施，其设立目的是通过组织儿童动手实践，普及科学文化知识，培养高尚情操。此外，它还针对儿童的实际情况开展咨询指导等。儿童文化中心的内部设施包括集会、音乐、科学、绘画、理科实验、游戏、咨询等的专用教室，配有各种科学模型、实验器材、电化教具、天文观测仪、图书等。

少年自然之家是促进儿童进行自然体验和接受集体生活训练的社会教育设施。其教育目的有三个方面：（1）在接触大自然的过程中，培养儿童亲近、热爱自然的感情；（2）通过集体住宿生活，培养儿童遵守纪律、合作、友爱和奉献的品质；（3）在自然环境中促进儿童身心健康，培养自我实践、创造的态度。少年自然之家与学校、少儿团体联系紧密，每年制订活动计划，为学校、少儿团体组织野外住宿活动提供设施条件，为活动的开展派出指导教师。它还通过举办讲解会、研修会等，对学校的指导教师与团体的指导人员进行培训指导。

儿童馆的规模有大有小。地区性的儿童馆一般设有集会堂、游戏室、图书室等，为本地区低龄儿童提供游戏、学习、活动的场所，也为儿童会、母亲俱乐部等团体活动提供服务。县级儿童馆规模较大，内部设施比较齐全，如设有剧场、画廊、室内游泳池和科学或历史资料馆等，有的还设有室外游乐场地，整个设施适合于集体住宿。县级儿童馆还承担着联系并指导下辖各地儿童馆的职能。

公民馆是1949年日本《社会教育法》颁布实施后，最主要的、数量最多的社会教育机构。2002年日本共有1.8万所公民馆，基本上覆盖了城市每所中学和农村每所小学所属社区。公民馆在学校教育之外为少年儿童提供学习机会，特别设立游戏室、美术室、音乐室、图书室等专用活动场所，通过开展各种活动为少年儿童服务。

地方公共图书馆是为地区居民提供图书、情报信息服务的社会机构。大多数图书馆都设有专门为少儿阅读服务的场所，如儿童图书室。

它们会采取多种形式为少儿服务，如：组织少儿读书会，指导开展书展书评等活动；改变借出办法，设立移动图书馆，方便居住地较远的少儿借阅；举办夏季野外图书馆；编印儿童书目、书评以及广告资料等。

博物馆是通过实物资料来促进人们社会学习活动的重要教育设施。从广义上来讲，除直接冠名"博物馆"的设施外，科学馆、动物园、水族馆、科学馆、乡土资料馆等也属于博物馆类设施。博物馆与公民馆、图书馆同为日本最主要的社会教育设施。在整个社会教育逐步向终身教育发展的过程中，博物馆也由重视收集、保管实物资料，进行调查研究，转向更为重视满足社会学习者的需求，除举办各种公开展览外，它还通过开设知识讲座、举办演示活动与编印宣传资料等推广普及社会教育。通过博物馆对少儿进行教育是常见且富有实效的方法。

此外，随着信息化向社会各个领域的渗透，多媒体等现代化教育手段在社会教育设施中广泛应用，加上各类教材的充分开发和使用，少儿有了更广阔的学习天地和丰富的信息资源，同时社会教育的形态和方法也大大丰富。

除了各种正规的社会教育机构外，日本还存在大量的民间教育机构，如为数众多的校外补习学校。它们以指导升学、补充学校教育以及培养青少年的兴趣和能力为目的，大致分为两类：一是"学习塾"，对日语、数学、社会、英语以及理科课程等进行持续的、有组织的或者因人而异的指导；二是培养兴趣爱好和实际能力的机构，如带领学生学习绘画、书法、音乐、体操和计算机等，以丰富青少年的生活和陶冶青少年的情操。

大量日本中小学生会在课后参加补习。文部科学省 2008 年对"学习塾"进行的全国性调查结果显示，日本中小学生参加校外学习活动的比例约为 80%，其中去"学习塾"的学生比例最高，小学生的比例达 25.9%，中学生的比例达 59.5%。而日本大大小小的"学习塾"加起来有 10 万所以上。美国教育界对日本的"学习塾"教育很感兴趣，认为这是对学校教育的一种补充或充实，有的"学习塾"的教育质量甚至优于公立学校，对提高中小学生的学习成绩和发展其兴趣与能力起到了难以估量的重要作用。

虽然也有日本人认为去"学习塾"既增加了学生的学习负担，又减少了学生接触生活和自然的机会，但是日本政府没有取缔这类民间机构，只是通过制定政策来引导这类机构的教育取向。政府认为：各方面应共同努力，纠正学生的过度学习行为，培养学生的生存能力，适应儿童多样的学习需求，多向儿童提供进行自然体验、社会体验以及开展创造性体验活动和课题解决式学习的机会。

四、丰富社会教育的内容

《社会教育法》规定，日本的社会教育为社区内的所有青少年提供充实的业余活动，使其业余时间得到充分利用，使其情操得到陶冶。

学校教育以系统知识为基本内容，以使学生获取知识和能力为主要目标，以学科教学为主要途径，而社会教育更重视儿童自身的主体性，以儿童的自发性、自主性为活动前提，所设计的活动内容与社会现实直接相关，注重引导学生去直接经验。

社会教育活动的类型有很多：按活动者划分，有伙伴活动、团体活动、家庭活动等；按组织者划分，有学校、家庭与社会共同组织的活动，也有社会教育设施举办的教育活动；按活动内容分，有自然体验活动、社会体验活动、志愿者活动、文化活动、交流活动等。下面主要介绍四种活动。

（一）自然体验活动

许多学校利用暑假，组织"林海学校""林间学校"等集中的学生野外活动。少儿可以参加游泳、在海边堆沙子、登山、野炊、露宿等活动，不仅能受到自然的熏陶，更能得到意志与体质体能的锻炼。20世纪70年代，日本出现了"农村留学""山村留学"这些新型的教育形式，即城市学生暂时离开父母，到农村、渔村居住生活一段时间，体验生活。此类活动最早发起于长野县，1985 年向日本全国推广，1990 年就已遍及 27 个都道府县，参加人数超过 2000 人，涉及学校有 80 多所。学生在这个过程中既了解了农村生活，也锻炼了自己的生活能力，积累了丰富的自然实践经验。

（二）社会体验活动

从 20 世纪 80 年代起日本就重视培养学生从小具有作为日本人的自觉意识，使学生了解本国历史文化传统。学生们走访家乡历史名胜，考察文化遗址，特别是了解近代以来的本地社会、经济、文化、生活变迁等。很多地方的学生还将收集到的资料进行分类整理，组织展览、出版刊物等。如大阪府寝屋川市立成美小学的学生在老师的指导下，广泛采访收集本地流传下来的有关寺院、动物等的传说故事，并绘制成册、编印成书，供大家传阅。

（三）志愿者活动

志愿者活动以个人的自觉主动参与为前提，以小组为主要组织形式，以地域社会服务为主要内容。例如：回收废旧图书报刊，促进资源利用；募集零用钱，为公共福利事业开展集体募捐；访问残疾人、老年人福利设施，帮助照看幼儿；帮助父母做家务，清扫社区环境；协助开展公害障碍物调查、野生动物保护调查和参与对文物遗址的保护；开展道路交通安全、防火防灾宣传；等等。这些活动有助于培养学生的同情心和为他人、社会服务与奉献的精神，在一定程度上有利于促进整个社会风气的改善，推进社会福利事业的发展。

（四）文化活动

日本的地域活动非常丰富多彩，很有地方特色。地方行政部门以及民间组织采取积极措施，努力振兴本地文化事业，以此推动地域社会的长远发展，这也为少儿校外文化活动的开展创造了有利条件。各地公民馆、儿童文化中心等为少儿举办各种地方性音乐、舞蹈、戏剧等的讲座与演出，还组织茶道、插花、书法、美术等的演示与培训，使少儿在参与艺术活动的过程中养成对地方文化和传统艺术的兴趣爱好，并使他们在参与中初步掌握相关技能，为继承和发展日本传统文化奠定基础。

进入 21 世纪以后，日本明确制定了"科学技术创造立国"和"文化立国"两大战略。为适应战略需要，日本加强了中小学校内教育和社会教育的多方面改革，强调"心灵教育"、发挥每个学生个性和能力的教育。为此，重新制定了课程标准，改革了课程设置和教学内容，推动青少年儿童接触社会和自然，以"生活体验、自然体验培育日本儿童之心灵"。

五、实施"学社融合推进计划"

为了给青少年提供校外学习机会，改变青少年只是在学校进行知识学习、与社会和自然界疏离的状况，日本 1996 年开始实施"学社融合推进计划"。该计划以学校为核心，促进学校与家庭和社区合作，构筑"教育网络"，共同为中小学生参加社会和自然体验学习提供帮助。

在加强校外活动方面，文部省自 1997 年起实施"青少年野外教育推进事业"，在全国范围内开展让青少年走向野外进行自然体验的活动，规定 7 月 20 日至 8 月 19 日为"青少年野外教育体验活动月"。其间国立青少年教育设施和各都道府县会组织各种野外探险活动，为那些有心理障碍的学生开办"青少年野外教室"，以唤起他们对大自然的兴趣和对学习的兴趣。另外，社区人员会利用周末，在学校或附近的设施开展各种具有当地特色的文化体育活动。并且，为了促进老年人与青少年、城市儿童与乡村儿童的交流，以及健全儿童与残障儿童之间的交流，文部省还组织实施了"青少年交流推进计划"。为了加深对环境问题的认识，中小学生还会参加在当地社区举行的体验活动。

1999 年终身学习审议会发布了题为《生活体验、自然体验培育日本儿童之心灵》的咨询报告，提出为了创建儿童成长环境，要进一步向中小学生提供参与校外学习和活动的机会与场所。

例如：学校等教育机构与社区合作，组织儿童在社区开展旨在继承传统艺能、了解乡土文化的活动和实施让儿童立足本地进行各种体验活动的"促进儿童社区活动工程"；与环境厅联手，在全国开展让儿童担任国立公园管理员，以促进环保和引导游人等为目的的"儿童公园管理员活动"；与农林水产省联手，设立"儿童长期自然体验村"，让儿童利用暑假到农家居住两周左右，以进行自然体验、环境学习和农业生产活动体验等；与林业厅联手，开展"森林之子活动推进计划"，让儿童接触森林，进行森林体验活动；与通商产业省和中小企业厅联手，开展"儿童实习活动"，让儿童通过在当地的商业街体验各种职业生活，了解劳动的重要性和思考个人的愿望与将来职业的关系；与科学技术厅联手，开展"触摸自然科学计划"，提供让中学生在大学等科研机构直接接触最尖端的研究成果和研究现场的机会，以及把学校的"儿童科学实验教室"与全国的公民馆、科学馆联系在一起实行开放等；在博物馆、美术馆开展"自己动手（看、触、试、思）"活动；国立大学、大学共用机构和专门学校向儿童开放等。①

在扩展儿童社区体验活动方面，教育行政部门组织学校与建设省、环境厅联手，开展适合儿童的调查居住地河流情况并提出治理建议的"儿童之水边再发现计划"；与建设省联手，开展儿童冒险游戏等活动，实施对都市公园治理、经营进行研究的"儿童自由空间创造计划"；与农林水产省联手，实施让儿童喜爱农村自然性游戏和开展治理与保护水道活动的"建设田间小道、倾听溪流之声的推进计划"。

六、完善中小学社会教育管理体系

日本社会教育在"二战"后飞速发展，不仅形成并完善了自己独

---

① 吴忠魁. 日本文化立国战略与基础教育改革的新发展 [J]. 比较教育研究，2001（4）：1-5.

特的社会教育模式，而且构建了一套完整的社区、学校、家庭"三位一体"的教育体系。

（一）健全社会教育法制，提供规范化和有效实施的保障

日本制定了一系列法律法规，促进社会民众广泛参与社会教育，保证社会教育有序运行和规范化发展。借鉴日本经验，我国可以依靠行政力量，对各地教育方面的"工作章程""组织章程""暂行条例"等加以修改和充实，通过加强社会教育法规的建设来推进其深入展开。建设学习型社会必须重视社会教育的作用，强化社会教育的法制化、制度化建设。

（二）完善社会教育设施，提供必要的物质保障

一般来说，社会教育事业的发展水平与社会教育设施的数量和质量是密切相关的。日本诸多的社会教育设施为开展社会教育提供了必要的物质基础。日本建有大量高水准的社会教育设施，这也是日本社会教育事业多样化和高水平的重要标志。

目前，我国的社会教育设施还不充分、不完善。借鉴日本社会教育设施建设和"学校开放"的经验，根据我国幅员广大、地区差异较大的国情，我国可以在社会经济发展领先和教育发展较快的地区，建立、发展、完善各种形式的社会教育活动设施；在一些设施缺乏、无力建造社会教育专用设施的地区，可采取"学校开放"的形式，利用学校教育设施和当地文化资源，因地制宜地开展社会教育活动，使社会教育能在固定的场所实施。另外，我国要对现有的社会教育机构、校外活动场所进行调查和整顿，对儿童活动中心、青少年宫、科技馆、博物馆、纪念馆、文化馆、体育馆、图书馆、工人文化宫、公园等公共设施进行功能的再论定、作用的再发挥，坚持公益性或低收费的原

则，向青少年学生开放。① 通过开展形式多样、丰富多彩的各种教育活动，提高中小学社会教育的质量。

（三）理顺社会教育管理体制，构建家校社协同育人机制

日本的中小学社会教育管理体制清晰，各机构和专职人员的责任明确，从决策、咨询到管理、执行，从中央到地方，从上至下，有一套完整的、一体化的系统机制，非常便于管理和协调。

与之相比，我国中小学社会教育管理体制则相对庞杂。目前，社会教育管理机构隶属于教育等众多部门，还有一大批机构隶属于群团组织、企业等。这种条块分割的管理体制，使社会教育的相关政策难以统一，社会教育的管理呈现出多头和无序状态。无论社会教育专门机构还是教育行政部门，都难以充分发挥作用。家庭教育、学校教育、社会教育之间出现"断档""脱节"，没有形成育人全链条。今后，我们要健全社会教育资源有效开发配置的政策体系，加大图书馆、博物馆、科技馆、纪念馆、体育馆、青少年宫、儿童活动中心等公益设施的建设力度，免费向学生开放。要实现家庭、学校、政府、社会相互联动，形成全社会共同关心中小学生健康成长的合力。从我国构建家校社协同育人机制的发展趋势看，理顺社会教育管理体制是一项紧迫的任务。

---

① 侯怀银. 日本社会教育的特点及启示［EB/OL］.［2020-10-19］. http：//www. usors. cn/blog/huaiyin/MyEssayDetail. asp？id=1799.

第三部分

高等教育治理结构创新

第九章　实施国立大学法人化改革

2004 年 4 月，日本正式启动国立大学法人化改革，由此明治时期建立的日本政府对国立大学的管理体制发生了根本性变化，国立大学不再是政府直接管理下的行政组织的一部分，成为独立自主运营的法人实体。

一、法人化改革前的大学治理

法人化改革前，日本凭借东京大学、京都大学等代表国家最高办学水平的国立大学，在短时间内就建立起了能够与西方发达国家相媲美的大学体系。日本大学的管理体制既有政府集权式行政管理的一面，又有一定程度上的大学内部学术自治的一面。

（一）法人化改革前政府对国立大学的管理体制

法人化改革前，日本政府对国立大学的管理有以下三个特点。

一是在办学主体方面，国立大学由中央政府设置和集中管理，文部科学省是国立大学的办学主体和直接管理者。国立大学校长由各大学教职员投票选举产生，由文部科学大臣任命。国立大学的教师数量、职员编制、招生人数、教授的授课量等全部由文部科学省决定。国立大学的教师属于国家公务员，其工资全部由文部科学省支付。

二是在行政管理方面，文部科学省直接向各国立大学派遣行政事务管理干部。国立大学内设专门负责日常行政事务管理的事务局，它作为大学行政管理的核心机构，负责协调教务部、学生部、人事部、总务部、财务部等各部门。各部门多设有科、室等单位。全校实行"事务局→部→科→室"的线性垂直领导制度。文部科学省从省级系统内或全国范围内选拔行政官员，以向各国立大学直接委派事务局局长、部长和科长等。① 也就是说，国立大学的行政管理人员既不由大学推选，也不由校长任命。这些行政管理人员按照文部科学省和大学制定的章程，通过所属的行政业务管理系统，负责所在大学的行政事务，其拥有的权限相当大。

三是在财务管理方面，国立大学办学经费主要来自政府财政拨款。这部分经费能够满足大学教学科研的基本需求、支付全体教职员的工资。国立大学的燃料费、调研费、差旅费等全部支出都由文部科学省掌管。国立大学的学费、附属医院的收入以及产学合作的收入等都必须如数上缴，成为国家财政收入的一部分。文部科学省则根据各学校具体情况，依据相关的分配原则进行拨款。

总之，在法人化改革前，日本政府对国立大学实施的是一种中央集权式的行政管理，国立大学就像文部科学省的附属行政机构，文部科学省对国立大学的人事、财务、组织、行政等实行统一管理。

（二）法人化改革前国立大学内部的管理体制

法人化改革前，国立大学内部的管理体制有以下特点。

在部（院、所）层次，教授会的管理权限最大。学部（学院）、研究生院、研究所等的教授会，拥有决定所在部（院、所）的预算分配、新任教师遴选、教师升迁、学位颁发等方面的权力。"大学自治、教授治学"在日本国立大学的二级机构即部（院、所）层次得到了充分体现。但是教授会并不参与整个学校层面的财务预算工作和学校行政管理事务。

在大学层次，全校最高的决策机构是评议会，它由各部（院、所）教授会选出的委员组成，校长无权任命。校长的遴选是在教授会全体委员投票的基础上，由评议会做出决定。校长的主要职责是根据有关章程和规定，对各部（院、所）教授会提交的议案或草案进行审议并

---

① 陈永明，朱浩，李昱辉. 大学理念、组织与人事 [M]. 北京：中国人民大学出版社，2007：177.

决定是否采纳通过，其决策权非常有限。

这种以教授会为核心的自下而上型的内部管理体制，支配了日本国立大学约一个多世纪。它强调学术自由，确保大学在较少受外界干扰的条件下得以自主进行教学研究。因此，经济合作与发展组织（以下简称经合组织）的一份报告指出，在经合组织成员国中，日本的国立大学既有中央集权管理的一面，在学部（学院）层面也存在一定的学术独立和自治。①

二、法人化改革的动因与目的

实际上，从 2004 年开始的国立大学法人化改革是由日本政府主导的自上而下的国家行政改革的重要一环。

（一）法人化改革的动因

日本实施国立大学法人化改革的主要动因有以下几点。

第一，改革僵化的管理体制。法人化改革实施以前，日本的国立大学一直是文部科学省管辖的一级行政组织，学校自身建设和发展得到了国家强有力的财政保障和支持，但也受到了文部科学省严格的行政管理制约。步入 21 世纪以后，在全球化和知识经济大发展的背景下，大学的创新能力成为一个国家竞争力的主要标志之一。而此时代表日本高等教育最高水平的国立大学陷入了运行机制僵化、缺乏发展活力的困境。单一僵化的管理体制限制了国立大学应对社会变化的能力，使它们的研究活力不足，竞争力欠缺。

第二，应对经济衰退的挑战。20 世纪 90 年代，日本经济陷入低迷状态，受经济衰退的影响，大学所需的科研经费不能及时解决，学校发展的各种新计划难以实现。同时，人们对国立大学管理运营是否存

---

① 黄福涛.余震未息：法人化与日本国立大学内部管理改革［J］.上海教育，2004
（11）：54-56.

在浪费提出了越来越多的疑问，要求通过引入经济管理手段来改善国立大学的管理运营效率。另外，日本经济持续萧条，直接造成了大学毕业生的就业困难。日本 18 周岁学龄人口锐减，高等教育出现供给过剩，大学面临生存危机。可以说，艰难的经济状况，给日本的国立大学乃至整个高等教育都带来了严峻的挑战。

第三，深化行政改革。日本 20 世纪 90 年代中期开始的旨在提高行政效率的"小政府改造运动"，也是国立大学改革的直接动因之一。日本政府早在 1997 年开始实施行政改革时，就正式提出过国立大学法人化是亟须解决的政策性课题。由于当时改革政策主要是从行政改革的角度制定的，并没有充分重视国立大学自身的发展诉求，因此遭到了国立大学方面的反对。

但是，面对连年的高额财政赤字，推进改革成为主流民意。其中，裁减公务员数量一直是行政改革的核心目标，政府提出的削减比例逐年上升，从 1997 年的 10% 到 1998 年的 20%，再到 1999 年的"10 年时间内削减 25%"。在这种行政改革目标下，公务员总数列政府部门第二位的文部科学省，自然会成为行政改革的焦点。

第四，提高国际竞争力。国际竞争的日益激烈，科学技术的不断进步，使人们越来越认识到加强科学研究与人才培养的重要性。人们纷纷把目光聚焦于高等教育，对高等教育的创新能力寄予了极高的期望。英美等国的高等教育急剧扩张，中国的高等教育迅速发展，特别是中国高等教育领域"211 工程"和"985 工程"等的实施，都给日本的高等教育带来了前所未有的竞争压力。

在上述内因与外因的作用下，为了尽快使国立大学走出困境，提升国立大学的创新与竞争能力，在激烈的竞争环境下建设一批世界一流、个性鲜明的大学，日本教育界开始呼吁建立完全独立的国立大学法人制度。

（二）法人化改革的目的

所谓国立大学法人化，实际上就是将国立大学从原来的国家行政组织中分离出来，赋予其独立的法人资格，使其成为具有自主性和自律性的法人，实现自主办学。

为了推进国立大学的法人化改革，2000 年 7 月，文部省成立了由大学校长、相关媒体和经济界人士组成的调查研讨委员会。经过认真研究，委员会于 2002 年 3 月提交了《关于新的"国立大学法人"形象》这一最终报告，得到了内阁会议的认可。

2003 年，文部科学省向国会提出了以《国立大学法人法》为核心的六项法案，其他五项法案包括《独立行政法人国立高等专门学校机构法》《独立行政法人大学评价和学位授予机构法》《独立行政法人国立大学财务和经营中心法》《独立行政法人多媒体教育开发中心法》《关于施行〈国立大学法人法〉等相关法律的配套法律》。这些法案得到了国会的批准，并于同年 10 月生效。在这些法律的保障下，从 2004 年 4 月起，日本的国立大学正式踏上了法人化改革的征程。

国立大学法人化改革的目的可概括为一句话：在激烈竞争的环境中，创造富有活力、充满个性的大学。具体内容则包括以下六点：（1）通过实施国立大学法人化，提高大学运营的自主性和自律性，强化大学的主体责任；（2）通过大学经营责任明确化，充分发挥各大学充满活力的办学思想，实现灵活和富有战略性的大学运营；（3）重视大学对社会的说明责任，通过聘请校外人士参与经营，建立公开透明的运营机制；（4）建立强有力的领导体制，选任在教育研究方面有远见卓识和在管理经营方面有卓越领导能力的人士为大学校长；（5）建立与教职员的能力和业绩相适应的弹性化人事制度；（6）引入竞争机制，通过评价制度提高教育研究的质量，重视社会"绩效"。

三、法人化改革后的大学治理

法人化改革后，国立大学重新建立了一套治理体制和运营机制

（见图9-1）①，以下从大学外部（体现为政府对国立大学治理体制的变革）和内部两个方面予以分析。

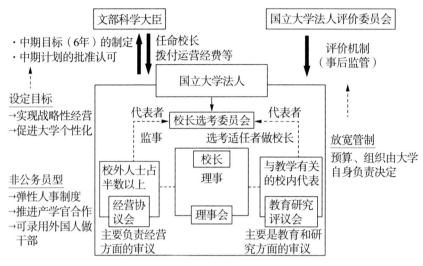

图 9-1　国立大学法人的管理体制

（一）政府对国立大学治理体制的变革

第一，办学主体和大学管理权限的变革。法人化改革一方面明确了政府对高等教育的管理职能，另一方面确保了大学作为办学主体的自主运营。法人化改革之前，文部科学省是日本国立大学的办学主体；法人化改革之后，国立大学法人成为办学主体，大学校长是法人代表。文部科学省虽然对国立大学法人有极大的管理监督权（是监管者），但其管理职能发生了根本性转变，从管理具体的办学过程转变为负责宏观调控、政策制定、目标评估和经费拨付等。与此同时，国立大学法人的管理权限大大增加了，特别是对大学的人事、财务、组织管理等拥有了自主权。例如，各大学不再按照以往文部科学省的统一规定，

①　参见文部科学省高等教育局．我が国の大学を巡る現状と改革の方向性［R］．東京：文部科学省，2010.

而是依据各自的实际情况来决定学科专业和各部门组织的设置与废除，大学的内部组织机构呈现出多样化态势。

第二，人事管理制度的变革。国立大学教师的身份由公务员转变为非公务员，教师人事雇佣由终身制转变为任期制，教师待遇由年功序列制转变为绩效制和年薪制。最大的人事管理变革是改变了以往的定编制，实行弹性编制。大学内的各个部（院、所）基于所分担的任务要点，可灵活地设置岗位和决定人数。

第三，财务管理和预算编制的变革。国立大学法人的财务管理改成依照企业会计原则进行，更加强调财务运转的透明性。在经费使用、财源开拓、预算分配以及学费标准、教职员工资和其他费用标准制定等方面，大学具有更大的自主权，当然大学本身也担负了更大的责任。与此同时，大学的预算编制和运作也有较大的变化。例如：法人化改革前，各大学的人员费和管理费（水电费、设备管理费等）基本上是由各学部、研究所等管理；法人化改革后，许多大学改由学校统一管理各种经费，设定目标，减少经费支出，分配给校内教师的一部分研究经费改为通过竞争获得。

第四，评价制度的确立与拨款机制的变革。法人化改革后，国立大学按照文部科学省制订的 6 年中期目标，制订为期 6 年的中期计划和各年度计划。6 年后，根据各大学的中期计划，文部科学省的国立大学法人评价委员会和总务省的政策评价及独立行政法人评价委员会以及其他被授权的第三方评估机构（如 NIAD-UE）对大学实施评估，文部科学省根据评估结果对国立大学进行预算拨款。这改变了以往文部科学省主要根据大学教职员的编制数、学生人数以及上一年度的预算金额对大学进行拨款的做法，在很大程度上实现了将中期计划作为决定大学拨款分配额的主要依据。

（二）国立大学内部治理体制的变革

1. 新的组织和管理机构的产生

法人化改革后，日本政府采用了全新的大学管理模式，国立大学

的内部管理组织也进行了重建，新设立了理事会、经营协议会和教育
研究评议会等组织。

在新的管理体制下，上述三大组织形成校一级管理机构。理事会
成为最高决策机构，是国立大学的权力中心，由校长和副校长等组成。
约65%的理事是教师，约15%的理事来自文部科学省，其余的理事来
自民间企业等。[①] 理事会讨论和决定的学校的重要事项包括：中期计划
及年度计划的制订，预算的编制、执行及决算，大学内部重要机构的
设置及撤销等。此外，大学日常管理运营的很多事务也需要经过理事
会的审议。经营协议会主要负责处理与大学经营有关的事务。50%的
委员来自校外（如企业经营者、市长、相关媒体人员或校友代表等），
50%的委员为校内的管理人员（如校长和理事等）。教育研究评议会则
由校内教师等相关学术人员代表组成，专门审议有关大学教育教学与
研究的事务。

法人化改革后，学校权力的中心从法人化改革前的评议会转变为
以校长（理事会主席）为核心的理事会，此外，经营协议会和教育研
究评议会也由校长主持。这便形成了一个以校长为领导核心的自上而
下的管理系统。

2. 行政权力与学术权力的协调

国立大学内部的管理权限划分发生了重大变化，主要表现为属于
行政系统的校级领导的权力得到加强和属于学术系统的教授会的权力
被削弱，特别是作为法人代表的校长的行政权力大大加强。总之，校
内的治理体制从以教授会为核心做出决定的模式，变为在参考教授会
意见的同时主要听取校长和校外人士意见的模式。

行政事务人员的配置由原先的学术系统与行政事务系统分离向学
术系统和行政事务系统一体化转型。具体而言，原先与学术系统并行、

① 天野郁夫. 国立大学の法人化：現状と課題［C］// 日本高等教育学会，広島大学
高等教育研究開発センター. 日中高等教育新时代. 広島：株式会社タカトープリントメデ
ィア，2006：56.

由大学事务局局长领导的行政事务系统被按其不同服务职能，分解为校长和副校长辅助系统，学部部长、学院院长、研究所所长等辅助系统，教师辅助系统，学生辅助系统与附属医院辅助系统等。部分行政事务部门引入教师担任负责人，并明确规定该负责人一周的行政工作时间不得少于三天。

国立大学由此确立了以校长和二级机构负责人为核心的灵活机动的行政管理体制。校长作为大学经营和教学科研两方面工作的最高责任者，既要重视校内人员的意见，又要发挥强有力的领导作用和经营能力；有关大学经营的重要事项可交由配备的副校长负责，完善了辅佐校长的体制；有关重要事项由理事会讨论决定，确保决策的透明度、妥善性和正确性；事务组织与教员联手合作参加学校规划的起草制定，发挥专门职能集团的作用；精选教授会的审议事项，促进以二级机构负责人为核心的强有力的部（院、所）管理与运作；校内的教育、研究、经营等进行适当的责任分担，加强了大学行政权力与学术权力的协调。

3. 大学校长和中层干部的遴选机制

国立大学遴选校长时，由经营协议会和教育研究评议会各选出相应的代表，组成校长选考委员会，然后经各部（院、所）教授会投票（或全体教师投票）提出三名校长候选人，校长选考委员会确定最终候选人，再报文部科学省审定与任命。

由此可见，日本国立大学校长的选拔采取的是选举与任命两段制，校长选拔的最后结果取决于教授们的投票数，经校长选考委员会确定后，再交由文部科学省任命。这种选拔模式不仅体现了大学的自治、自主，也集中体现了大学内部的公众意志。在法律上，如果国立大学校长不合格，由校长选考委员会实行罢免，但是迄今为止，还没有出现过校长在任期内被罢免的情况。

副校长（理事）中有一名是来自文部科学省的官员。这反映了文部科学省对国立大学的领导、管理、监督权力依然在发挥作用，而从大学自身来看，它们也想借此保持乃至加强与文部科学省的联系。

中层干部（即各学部部长、学院院长、研究所所长）是由所在机构的全体教授选举产生，不是由校长直接任命。从法律上来讲，校长有解聘中层干部的权力，但迄今为止还没有发生过此类解聘事件。国立大学内部的其他各级管理干部都是由经营协议会任命的。

四、法人化改革的成效及问题

（一）改革的成效

国立大学法人化改革重构了日本的大学治理结构，对高等教育治理产生了重大影响。至 2010 年 4 月改革的第一个周期结束时，在日本看来，改革基本上是成功的。其成效主要体现为以下几点。

1. 学校的办学自主权扩大

通过法人化改革，国立大学主要获得了以下权力：（1）人事管理权；（2）财务管理及分配使用权；（3）机构建置或废除权；（4）学科专业设置权；（5）教学自主决定权；（6）科研开发、校企合作及社会服务权；（7）国际交流合作权。东京大学和京都大学等都设置了新的学校内部组织机构，如研究中心、行政事务组织、产学合作中心、海外事务所等。

2. 大学运营经费的来源拓宽

虽然政府每年会削减国立大学 1% 的运营经费，但原来的国家财政性拨款（非竞争性经费）基本没有改变。国立大学附属医院的建设由国家出钱，而且保证 20 年的投入。医院的赤字由国家来解决（日本的 86 所国立大学中，有 85 所拥有附属医院）。政府更加注重竞争性经费的投入，国立大学可以争取没有任何上限的科研经费。同时，国立大学也可以接受大中小企业提供的共同研究或委托研究经费、各种捐款等。法人化改革使大学运营经费的来源渠道更加多元了。

3. 人事管理更具弹性和效率

国立大学在教职员的人事聘用和薪资评价等方面有了真正的自主权。国立大学的人事管理更加弹性化，例如：可以特别的工资待遇招聘国际一流的研究学者（如日本以外的获过诺贝尔奖的学者）；可机动灵活地聘任社会上的杰出人才，如经营协议会聘用企业经营专家或者地域经济界的首席作为委员。目前，新任教师的人事聘用已经全部实施任期制。任期制的实施提高了国立大学间教师的流动性，增强了大学的活力，大大提高了国立大学人力资源经营管理的效率。

4. 产学研合作更加灵活

各国立大学依据学校内部的研究资源和情报数据库，以扩大外部资金来源为目标，发动企业参与研究，因此共同研究、受委托研究的项目数量和金额都有了大幅度增加（见表9-1）。

表9-1 法人化改革前后国立大学产学研合作情况

项目类型	年度	数量（项）	金额（亿日元）
共同研究	2001	5246	112
	2007	13654	331
受委托研究	2001	5701	351
	2007	10584	1279

另外，国立大学对技术转移机构的出资和教师在企业里的兼职、兼业都得到了承认。产学研合作更加灵活，大学从外部获取的资金不断增加。例如：东京大学2009年通过产学研合作等，接受的外部研究项目有15316项，收入达435.1亿日元；接受的科学研究补助达227.4亿日元。①

---

① 東京大学．東京大学産学連携本部概要2010［EB/OL］．［2010-09-23］．http://www.ducr.u-tokyo.ac.jp/jp/materials/pdf/2009annual_report.pdf.

5. 预算执行使用更加宽松

在遵循会计制度的前提下，国立大学在已经计划决定了的外部资金分配到位之前，实行先行支付垫付款制度，允许预算转入下一个年度使用，校长自主酌情使用的资金可以根据相关决策进行战略性的、有重点的分配。

（二）改革的问题

国立大学法人化改革也导致了一些问题。

1. 进一步拉大了一流国立大学与地方国立大学①之间的差距，也加剧了国立大学与私立大学之间的竞争

目前巨额竞争性的研究经费集中在极少数的研究者或仅有的几所一流国立大学手中。这虽然推动了一流国立大学的建设，但是由于减少了根据一定标准分配给各地方国立大学的日常运营经费，从而拉大了一流国立大学与地方国立大学之间的差距。

根据文部科学省的统计，从 2004 年到 2009 年，国立大学整体的竞争性研究经费和外部资金收益合计从 1936 亿日元增加到 3872 亿日元，增长率为 50%。在增加了的 1936 亿日元中，有 1019 亿日元分配给了位于大城市的 7 所大学（东京大学、京都大学、大阪大学、九州大学、东北大学、名古屋大学、北海道大学），每所大学约 145.6 亿日元。而与之形成鲜明对比的是，也拥有医科系的 25 所地方国立综合性大学（如宫崎大学、山口大学、信州大学、佐贺大学、鹿儿岛大学、琉球大

---

① 日本的大学结构呈"金字塔形"。在国立大学中，既有学生超过 3 万名的巨大规模大学，也有学生不到 1000 名的小规模大学；有设在大城市的大学，也有设在地方小城市的大学；有以研究为中心的大学，也有以本科生教育为中心的大学；有以东京大学、京都大学为代表的一流国立综合性大学，也有占比近一半的只有一个学院的地方国立单科性大学（如"二战"后设立于各都道府县的国立工农商水畜等自然类大学、医科类大学、文科类大学等）。

学等）的合计增加额为 322 亿日元，每所大学约 12.9 亿日元。①

另外，由于法人化改革后国立大学有了更大的自由度，所以与主要以学费作为收入来源的私立大学的竞争变得更加激烈了。

2. 评价原则有待改进，评价标准需要在事前明确

国立大学采用基于申请和评价发放研究经费的方式，旨在通过竞争提高研究水平，不过也引发了如下问题。第一，评价的标准不明确。虽然经过了数次评价与选定，但是评价所谓世界最高水平的研究基地和最尖端的研究项目的标准并不明确。国立大学要对基地的选定、中间检查、事后评价等进行全面综合考量，并在此基础上制定出更合适的评价标准。第二，评价的实施主体不明确。能对最尖端的研究项目进行评价的是该领域内屈指可数的顶尖研究者，但他们往往就是申请者，即便不是，参加评价也势必会造成他们自己的研究时间减少，影响其研究工作。第三，评价的针对性不够。针对不同类型的大学，评价原则应有所不同。

3. 在新的治理体制下，大学的运营与治理需要长期磨合

法人化改革后，新的治理体制极大强化了校长和理事会对财务、人事、运营的决定权。但是，这种自上而下型的治理组织体系与以前的自下而上型的管理组织体系有比较大的冲突，如何调整好新治理体制与传统惯性之间的关系，还需要不断摸索。

面对与政府、社会等的纷繁复杂的关系格局，国立大学如何协调不同的内外利益、如何选拔培养大学管理者成为重要课题。在新的大学治理结构下，大学应把经营和教育研究的事务分开处理，但是在实际运营中很难将二者截然分开。这就要求现在的大学管理者既要有精

① 文部科学省. 国立大学法人化後の現状と課題について（中間まとめ）[EB/OL]. [2010-09-23]. http://www.mext.go.jp/a_menu/koutou/houjin/_icsFiles/afieldfile/2010/07/21/1295896_2.pdf.

深的专业知识，又要有卓越的治理能力，还要充分了解学生、企业、政府等利益相关者的需要，以及处理好与大学相关的市场化、资本运营等实际治理事务。

五、关于日本国立大学法人化改革的思考

党的十八大以来，以习近平同志为核心的党中央，深刻总结了我国高等教育发展经验，强化了高等教育战略布局。2015 年国务院颁布了《统筹推进世界一流大学和一流学科建设总体方案》，重申要认真吸收世界先进的办学治学经验，加快推进中国特色现代大学治理体系建设。日本国立大学法人化改革是对大学管理体制和运行机制的重建，它给我们带来的思考主要有以下四点。

第一，立法先行，以法律和制度建设稳步推进大学的治理体制改革。日本政府先制定了大学评价、学位授予、财务经营等各相关方面的重要法案，然后经国会审议通过。因此，法人化改革是在法律规范保障之下、在配套法律比较完善的情况下才付诸实施的。以法律的形式确定政府与国立大学的关系，明确各种治理的权力和责任，授予国立大学真正的法人资格，有助于真正实施依法治校，确保大学独立自主办学。

第二，转变政府职能。文部科学省从直接办学者和管理者转变为宏观调控者、政策制定者、目标评估者、经费拨付者，但是根据《国立大学法人法》，文部科学省仍是国立大学法人的设置者。校长的最终任命权也掌握在文部科学大臣的手中，政府通过建立有效的评价机制和拨款机制，实施对国立大学管理运营的监管。

第三，建立强有力的学校内部治理机构。以校长为核心，理事会、经营协议会、教育研究评议会三大组织分别发挥各自的管理职能，理事会决定学校的发展战略，经营协议会负责学校的财务经营与人事任用，教育研究评议会负责教育教学与研究事务。

第四，加强大学与社会的关系。理事会、经营协议会中校外委员

的存在，是国立大学法人化改革后内部管理机构的一大特色，是大学主动与社会衔接的重要表现。这种社会参与大学治理的机制，一方面创建了社会对大学的支持、服务与监督系统，另一方面也增强了大学服务社会的职能，成为政府、大学与社会之间的桥梁。

面向未来，全面开启中国特色世界一流大学建设的新征程，我们要探索和创新高等教育宏观治理模式，要更加突出改革，创新体制机制，转变政府和高校职能，加强社会服务，建立科学的评价标准，落实和扩大高校办学自主权。中国特色世界一流大学建设需要实现大学内外部治理的现代化。目前，我国的大学治理体系仍处在探索、完善和优化过程中。从内部治理体系建设来看，一方面，需要在大学内部权力运行中厘清行政权力与学术权力的职责范围，健全以学术委员会为核心的学术管理体系和组织构架，形成以学术权力为主导的大学内部权力结构；另一方面，院系是大学的基层学术组织，是学术研究和知识创造的大本营，要真正落实学术权力，必须扩大院系自主权，降低管理重心，调动广大教职工的积极性和创造性。简而言之，就是要在大学领导层与基层学术组织之间进行科学合理的权力配置，以保障院系自主权和学者的学术活力。

第十章　加强大学章程建设

伴随着日本 21 世纪高等教育改革的进程，大学章程建设掀开了日本大学管理与大学自治的新的一幕。本章通过考察《东京大学宪章》制定的社会背景、过程及内容特点等，阐明大学章程在国立大学法人化改革中的地位与作用，可以为我国现代大学制度建设中大学章程的制定与完善提供一些思考切入点。

一、《东京大学宪章》制定的社会背景

2004 年 4 月，日本国立大学法人化改革正式施行，从明治时期开始实行的日本政府对国立大学的治理模式发生了翻天覆地的变化。面对改革，东京大学立即重新研讨了自身定位和未来发展目标、进行了发展战略规划，首先发起了一场建章立制（即制定大学章程）的运动。

众所周知，日本近代高等教育系统以 1877 年东京大学的建立为发端，东京大学作为日本最具象征意义的国立大学，为近代日本的繁荣发展贡献了巨大的力量。"二战"后根据日本实行的新的教育管理体制（以新制大学为新的出发点），东京大学"积极响应社会要求，为科学和技术的飞跃发展奉上许多卓越成果的同时，也领先构建了世界公认的教育教学与学术研究的发达体制，深度推进了日本高等教育改革的高效发展"①。正是依靠这所处于日本大学"金字塔形"结构顶端的超一流国立大学，日本在短时间内拥有了能够与西方并驾齐驱的高等教育实力。

进入 21 世纪以后，全球化渗透与市场化结合，面向全球性需求与

---

① 東京大学. 東京大学憲章：前文 [EB/OL]. [2007-03-23]. http://www.u-tokyo.ac.jp/gen02/b04_00_j.html.

供给的经济理论逐渐起到支配作用。经济领域的国际竞争迅速渗透到大学领域，因此日本政府从经济维度出发，以经济学的契约理论和新公共管理理论为基础，对国立大学的治理模式进行了"地震级"改革，即实行国立大学法人化改革。

具体而言，日本将原来的政府设施型管理（国立大学是政府组织的一部分，受政府的直接行政控制）转变为"契约–评估型"管理（即预先设定一定时期内的目标契约，以评价其达标情况的间接管理）。于是，国立大学被赋予法人资格，成为独立的经营体，管理权限被下放到大学校长；对大学的财务、人事、组织等方面的限制放宽，大学管理由大学自主决定，同时相关的责任也由大学自身承担。这种大学外部政府管理方式的巨大变革，促使大学对内部组织、财务、人事等进行全方位的改革重组。《东京大学宪章》就是在这样的社会背景下应运而生的，它是东京大学法人化改革的内部管理制度的总原则，是指导东京大学未来发展的总纲领。

可以说，以《东京大学宪章》为代表的各国立大学章程的制定，是日本高等教育改革进程中的一个环节，是与大学内外治理模式的变化相适应的一种举措。它反映了外部环境和内部环境对大学的影响。外部环境的影响直接来自政府对高等教育治理模式的变革，内部环境的影响来自大学内部组织结构、人事管理制度、财务运营制度等的重新建构。大学章程彰显了在国际和国内因素影响下现代大学制度建设的诉求。国际因素包括全球化、市场化、知识化、信息化等，大学要在制度上予以回应；国内因素即法人化改革，大学要做出改变。

二、《东京大学宪章》制定的过程和法律依据

法人化改革使国立大学从政府的行政机构中分离出来，享有较大的自主权，但是同时要求大学必须获得财政上的自立，并且承担更多的责任。国立大学为适应法人化改革，在大学内部规章制度的修改、创设方面花费了很多心思。

　　从国家层面看，中央教育审议会公布的《日本高等教育的未来蓝图》，阐明了高等教育的存在方式及其发展方向，其中提到"日本的高等教育改革，正处于各种制度的改革阶段向各大学在新制度下展开教学科研成果竞争的阶段的过渡之中"①（所谓各种制度的改革是指国立及公立大学的法人化制度的创设、学校法人制度的改善、办学许可弹性化和第三方评估制度的导入等一系列相关制度的改革），并且已从"针对问题来制订高等教育各种计划和各种规制的问题导向"时代过渡到"揭示未来发展愿景的目标导向和政策结果导向"的时代。因此，"各大学需要明确作为教学科研组织的经营战略"②。由于每个大学的选择不同，所具有的功能亦不同。为此，需要各大学提出"脚本"，当大学的发展方向在"脚本"中被明确地描绘出来时，其改革实践将会取得更大的成果。

　　东京大学根据《日本高等教育的未来蓝图》，以创办富有国际竞争力的、引领世界的大学为战略目标，深入推进大学制度的建设。为此，东京大学21世纪学术经营战略会议③向东京大学的全体教职员工和学生们发出了宪章制定的公开征询意见书。

关于制定《东京大学宪章》的公开征询意见书④

　　尊敬的东京大学全体教职员工和学生们：

　　　　目前，国立大学所处的社会环境与世界形势，正日益发生着巨大的变化。我们东京大学，处在这样的转变期中，绝对不能只

---

　　① 文部科学省. 我が国の高等教育の将来像（答申）［EB/OL］.［2007-05-30］. http：//www. mext. go. jp/b_menu/shingi/chukyo/chukyo0/toushin/05013101/001. htm.

　　② 文部科学省. 我が国の高等教育の将来像（答申）［EB/OL］.［2007-05-30］. http：//www. mext. go. jp/b_menu/shingi/chukyo/chukyo0/toushin/05013101/001. htm.

　　③ 东京大学21世纪学术经营战略会议是设置在东京大学评议会下的一个审议组织，于2000年10月成立，主要负责审议制定国立大学法人法案的大纲和东京大学的宪章。其下分设"法人化小委员会"和"宪章准备小委员会"两个组织。

　　④ 学内広報.「東京大学21世紀学術経営戦略会議（UT21会議）」にご意見をお寄せください［EB/OL］.［2010-09-23］. http：//www. u-tokyo. ac. jp/gen03/kouhou/1215/2. html.

是跟从、随波逐流于某一时的转瞬即逝的潮流，而是应该高瞻远瞩，认清自身已拥有的优势与成果以及进一步所能达到的更高理想境界与状态。面对未来的理想蓝图，为了能坚持不懈、继往开来地推进可持续发展，我们认为秉持一部能够明示奋斗的指向目标、能够为前进提供指针和准则的大学宪章极为必要。特别是，针对现在已经被政府和专家学者们再度正式提出的、已经成为时下全社会议论焦点的国立大学法人化问题及其相关要求，我们认为以《东京大学宪章》的形式来阐明东京大学的长期目标具有非常重要的意义。

值此之际，东京大学 21 世纪学术经营战略会议面向全体师生员工公布我们至今为止所整理总结的《东京大学宪章论点整理（草案）稿》，为进一步深入推进宪章的起草工作，特此广泛征求本大学各部门成员的意见。我们真诚希望大家积极地协力参与。

东京大学 21 世纪学术经营战略会议　宪章准备小委员会
座长　佐佐木毅
2001 年 5 月 21 日

从这份公开征询意见书中，我们可以充分看出伴随着国立大学法人化的推行，国立大学亟须制定宪章以为大学战略发展提供指针和准则，为大学可持续发展与实现长远目标提供制度保障。

2003 年 7 月，东京大学评议会又指出：（1）伴随着国立大学法人化，向法人转变的工作中出现了许多在延续以往工作方面难以解决的新课题；（2）法人化以后，遵照宪章，东京大学坚持的基本目标是在学术研究与教育教学上继续占据享誉国际的引领地位，这就是说决不能拘泥于狭窄的短期视野来行动；（3）法人化以后，大学自身成为资源管理方面直接责任的承担者，创建保障大学法人独立性的健全完善的组织体系非常必要；（4）为此，确保大学校长的领导权力、高效的组织运营能力和地位等成为势在必行之事；（5）当然，要做的事情也包括对在短期内促进向法人转变的必要的组织运营、人事制度、财务会计等的深入讨论，以及做出能迅速推进的有效决策；（6）为了充分发挥校长的领导力，拥有一定的可供裁量决定的资源非常必要。①

日本高等教育的发展在各个方面都受到法律的保障和制约，那么《东京大学宪章》的制定有什么法律依据呢？概括起来，《东京大学宪章》依据的上位法包括：第一，在基本理念上，遵从宪法和《教育基本法》（2006 年 12 月公布施行）；第二，在行政管理制度上，遵照《学校教育法》和《国立大学法人法》等法律中规定的国立大学法人的主要行政管理权限及责任；第三，在财政管理制度上，执行《财政法》和《国立学校特别会计法》的专门规定。

可以说，《东京大学宪章》贯彻了诸多上位法律法规，是对东京大学办学理念和原则的具体阐释。正如东京大学名誉教授、日本教育学会原会长堀尾辉久先生所言："所谓宪章包含两个方面的意思。第一，权利宣言。在这里我们可以理解为它是大学自治的权利宣言，是各国立大学从各自的立场出发所倡导的大学理念。虽然它具有伦理的、道德规范的意味，但是不具有法律的约束力。不过，它具有实效性，它使学校法人关系制度化，具有授权和限权的作用。第二，统一理念、原则的明示。针对某重大事情（例如这里的国立大学法人化改革），政府先行出台了一系列的法律法规，它是大学为彻底贯彻这些法律所秉持的理念。"②《东京大学宪章》是学校内部的最高纲领，具有最高效力和广泛的可操作性，决定着学校的发展战略，是学校全体成员认识的集中体现。

---

① 東京大学．国立大学独立行政法人化の諸問題［EB/OL］．［2007-05-23］. http://ac-net. org/dgh/blog/archives/2003_07_25. html.

② 堀尾輝久．憲章とは何か~主体的に自ら規範を作り出す挑戦［EB/OL］．［2007-06-02］. http://www. doyu. jp/kensyou/talk/article/talk06. html.

三、《东京大学宪章》的构成要素

《东京大学宪章》除了包括宪章的意义、宪章的修正、附则外，还主要涉及三方面内容：在学术方面，明晰了学术的基本目标、研究理念、研究方式和研究成果的运用；在组织方面，具体阐述了大学自治的基本理念，学校内部组织以大学校长为核心的领导机制的构成，大学各个成员的责任、义务，以及人事工作的自律性；在管理方面，阐明了管理运营的基本目标、财务的基本结构、教育/研究环境的创设、学术情报信息与情报信息公开和对基本人权的尊重。

三方面的具体条目如下：学术方面包括学术的基本目标、教育目标、教育体系、教育评价、教育的国际化与社会合作、研究理念、研究的多元化、研究协作、研究成果的社会回馈；组织方面包括大学自治的基本理念、大学校长的统辖及其职责、大学组成人员的职责、基本组织的自治及其职责、人事的自治；管理方面包括管理的基本目标、财务的基本结构、优质教育教学和科学研究环境的创造、学术信息与信息公开、对基本人权的尊重。

综观上述条目，可以发现《东京大学宪章》具有以下五个构成要素。

（一）对大学理念的宣扬

东京大学认为，大学理念决定大学发展方向，是大学之魂。在国家对大学的治理方式发生转变时，大学有必要重申和完善大学的办学理念，对大学的本质、功能、发展愿景等进行哲学思考和理性认识。通过建章立制来确立和保障自身的法人地位、行使自己的法人权力、实现作为法人的目标，是《东京大学宪章》的根本宗旨。这种宗旨首先表现为对大学理念的高度宣扬。

《东京大学宪章》在内容上表现为一种宏观性的描述，是对大学理念、未来发展目标以及组织运营基本原则的阐释。它没有对于明确具体的定量指标的说明。教育教学、学术研究、社会职能（以及与社会的关系）、组织及运营等几大主体部分着力突出了大学的目标、理念以及自治、自主、自律的特色。

实际上，对于一所大学来说，找准属于自己的位置与目标，比什么都重要。日本其他国立大学的宪章也如《东京大学宪章》一样，开门见山、旗帜鲜明地阐述了各自的办学理念，体现出超越制度、物质等技术层面的精神层面的追求，力图实现引领社会发展和人类进步的理想。

（二）对学术本位的重申

东京大学认为，无论来自外部的教育行政干预和社会公众期望多么强烈，大学都应牢记自己最重要的使命——追求学术。日本所有的大学宪章都高举学术的旗帜，着意强调无论外面的世界如何千变万化，大学最重要的使命、最本质的功能还是追求学术。

在知识经济时代，国力的增强与知识的生产有更加紧密的联系。围绕知识、信息、人才等资源的获取与分配的国际竞争进一步加剧，这将促进学术中心的形成和转移。现代高等教育越来越强调针对学者、学术成果以及学术机构进行评价，评价的核心内容就是学术。面对来自方方面面的评价，《东京大学宪章》极力维护大学学术之尊严。保证充分的学术自治是大学宪章的重要诉求。

（三）对组织结构的确立

国立大学实施法人化改革后，日本大学的体制从原来的同僚制、官僚制向法人制、企业制转型。各个大学在校长的领导下，建立具有高效执行力的决策系统。

日本大学内部的管理运营原本是以由大学教师构成的学部一级的教授会为中心进行的。尤其是国立大学内部的管理运营，原本注重通过协商达成一致，采用的是同僚制的管理运营方式，校长、学部部长（学院院长或系主任）的权力是受限制的。但是由于国立大学在法律上实现了独立行政法人化，所以其组织结构也要向强调法人制的方向发展。例如，从东京大学内部组织结构的改革看，其不但确立了以校长和理事会为领导核心的管理体制，还成立了经营协议会、教育研究评议会等。

（四）对管理原则的明确

《东京大学宪章》中明言，面对纷繁复杂的政府、大学、社会等关系格局，大学如何协调不同的内外利益以继续实现驾驭引领之作用，这是大学治理中碰到的新问题。

伴随法人化改革的施行，大学的治理方式发生了重大变化。所谓的"大学经营时代"已经到来。大学的治理与设置者无关，无论是国立大学还是私立大学，为了确保大学运营所需资金都不得不自行努力，它们必须合理、有效地对大学进行管理。因此，"大学经营时代"的大学治理原则要重视财政运营的独立性、大学机构管理的合理性和高效性。

从《东京大学宪章》的内容可以看出，其管理原则是在参考了企业经营管理理论和实践经验的基础上制定的。《东京大学宪章》从目标管理学的角度，制定了大学组织运营体系、行政管理模式、财务管理结构、各类成员的责任义务等方面的若干基本原则。

（五）对社会职能的强调

在知识经济时代，大学需要承担新的责任和职能。日本各国立大学的宪章除了强调大学的第一功能（教学）和第二功能（科学研究）外，都提到了大学的第三种功能——社会服务。《东京大学宪章》强调要加强与社会的密切联系，用科研成果回馈社会，将发挥社会服务功能作为东京大学义不容辞的使命与责任。

《东京大学宪章》对社会服务功能的强调非常具有前瞻性。一方面，对于人的发展而言，大学应该是提供具有连续性、开放性的学术成果的场所，因此对大学来讲，自治与自律非常必要；另一方面，在知识经济时代，和大学以外的创造知识的机构携手合作，建立伙伴关系，对大学的教育与研究的发展具有越来越重大的意义。从这样的观点出发，东京大学重视自治和自律，也重视面向世界开放自我，积极不断地把研究成果回馈给社会，开展回应社会需求的研究活动，推进大学与社会的双向合作。

四、《东京大学宪章》的特征

从宏观意义上来讲，国立大学法人化改革更多地是赋予大学诸如挑战未来、承担社会责任、服务国家的使命，对于大学法人权力的行使，还是要通过制度安排予以保障、落实。所以国立大学法人化改革迫切需要大学在组织结构、管理运营、财务制度、人事制度、科学研究等方面明确自己的目标理念和价值追求。《东京大学宪章》的制定，正体现了法人化改革中大学的制度诉求。总结起来，它有以下几方面特征。

（一）确定了大学内外管理权力的界限，从制度设计上确保大学自治

从法律角度讲，日本的国立大学享有广泛的自治权，然而从政府管理体制看，国立大学仅仅是政府组织的一部分。从财政的角度来看，国立大学的财政也被严格纳入国家预算之中。

从法人化改革的政策取向看，日本政府要强化各高等教育机构的自治权。政府引导大学采用宏观调控下的以竞争原理为主导的自律性运营模式，充分尊重大学的自主性、尊重大学的个性、鼓励大学自律是政府治理的重要策略，并且行政不干涉大学内部的学术管理。各国立大学在新的治理模式下，在将拥有更大自治权与办学自主权的条件下，纷纷从战略高度认识到其内部真正建立起自主自律制度的必要性和紧迫性。大学宪章制定正是大学内部自主自律制度建设的一种表现形式。

《东京大学宪章》中明确了两种关系：一是大学自治权的外部关系，厘清了大学和政府以及其他社会组织的管理界限，明确了大学自治的空间范围；二是大学自治权的内部关系。第一种关系基本上由法律来明确，而且已有法律也相对明确。而第二种关系基本不能通过法律来明确，所以东京大学就以宪章的形式对其进行明确界定。第一，在内部事项上，对于大学的组织、教育体系、人事、财务运营经费的构成、发展方向等，大学在法律许可的范围内自行订立规范、自行运作，政府不得加以干预。第二，在学校治理上，由大学校长、教师、学生与其他职员共同行使权力。第三，大学独立自主地决定自身的发展目标和计划，并将其付诸实施，不受政府和其他社会法人机构的控制和干预。第四，大学自由地治理学校，自主地处理学校的内部事务，尽可能不受到外界的干预和支配。

当然，这种自主与自治也不是漫无边际、毫无限制的，整体来看，日本的国立大学宪章都遵循了社会性、国际性、专业性、一体性的原则。

（二）立足于国际和国内的宽广视野，从愿景规划上明确大学的定位与发展目标

《东京大学宪章》的前言指出：进入 21 世纪，人类将迎来一个超越国家界限、立足于全球视野的世界性交往迅猛发展的新时代，日本将更加积极地面向世界、敞开自我、发挥特色，竭诚为人类文明做出贡献；东京大学作为要永远为世界的公共性和公益性发展不遗余力、全力以赴去奉献的大学，其理想目标是要成为"世界的东京大学"，通过教育教学与科学研究，追求超越国籍、民族、语言等所有界限的人类的普遍真理，为世界和平和人类福祉、人类与自然的和谐共存、安全环境的创造、各地域的均衡可持续发展、科学与技术的进步以及文化的继承与创新做出不朽的贡献。面向这些伟大使命的达成，东京大学为揭示据此而应该建立的理念与目标，特制定本宪章。

这段雄心勃勃的宣言反映了一种立足于全球视野和全球思维的战

略选择和目标指向。其中的愿景目标并不仅仅立足于日本国内的发展现状，还具有全球意识，因此，它强调的是"世界的"东京大学，而不是"日本的"东京大学。

日本其他的一流国立大学，诸如京都大学、九州大学、名古屋大学等，它们的宪章所确立的目标也都面向国际科学的最前沿，瞄准的是亚洲地区、全球和全人类的发展需求，反映了它们要打造大学国际竞争力的强烈的价值追求。

（三）确立了法人制度下财务管理的基本结构，从组织建设上规定了各方职责与目标

法人化改革给国立大学带来的最大的变化是财务管理体制的改变，这迫使大学进行内部组织结构的变革。

法人化改革以前，政府优先保证国立大学经费，而法人化改革引入了市场竞争机制，无论是国立大学、公立大学还是私立大学，政府都将根据不同大学的绩效有侧重点、有倾斜地进行资金分配。政府对国立大学的资源配置由供给导向转为竞争导向，由自动地平均分配模式转为以绩效为基础的竞争性模式。

在这样的模式下，国立大学的财务管理制度的基本构架该如何确立？这是一个非常重大的原则性问题，因为它关系到学校的生存和发展。对此，《东京大学宪章》做了明确规定。它将经费分成三大部分。第一部分，支持教育和科研发展的必需的基础性经费。第二部分，用于设施设备维护扩充等的发展建设性经费。这两大部分经费主要依靠政府的财政拨款。另外，《东京大学宪章》特别规定了还可以接受来自外部的资金，这就是第三部分经费。"只要不与大学本来最根本的使命背道而驰，根据特定的教育、研究方面的需要，我们积极地接受国家、公共团体机关、公益性事业团体、民间私营企事业以及个人捐献的外

部资金。"①

这样的财务管理结构需要一套相应的高效运营的组织系统。《东京大学宪章》特别单列条目明确了大学校长的统率力，强调了基层组织的自治与责任，尤其指出大学自治的根基决定于是否拥有人事上的自律性，如在对校长、副校长、学部部长（系主任）、学院院长、研究所所长和教师以及其他职员的任用和选拔上，东京大学将根据公正的评价，自主自律地做出决定。②

（四）集中了学校全体师生的意旨，保障大学各方成员的基本权利

虽然《日本国宪法》第23条"保障学术自由"的规定，保障了日本大学教师学术自由、管理自治的基本权利，但是随着目标管理、绩效管理、契约管理、第三方评估等制度被引入大学，大学教师的学术地位、身份与权利又该如何确保？《东京大学宪章》宣誓保证所有组织成员不会出于国籍、性别、年龄、语言、宗教、政治观念、出身、财产、血统地位、婚姻地位、家庭地位、残障、疾病、职业经历等方面的原因而受到歧视或被区别对待，而且大学会努力创造并确保各个成员都能有广泛参与大学各项活动的机会。

面对外部管理制度的变化，作为学术共同体的东京大学，为了达成与实现自身被赋予的使命而制定了《东京大学宪章》。这样的宪章本身就凝聚了全体师生员工的民主智慧、集体意识，同时也是大学成员自治的权利宣言和保障。

---

① 東京大学. 東京大学憲章：第三部分：管理運営 ［EB/OL］. ［2007-03-23］. http：//www. u-tokyo. ac. jp/gen02/b04_03_j. html.

② 東京大学. 東京大学憲章：第二部分：組織 ［EB/OL］. ［2007-03-23］. http：//www. u-tokyo. ac. jp/gen02/b04_03_j. html.

五、关于日本大学章程建设的理性思考

在日本高等教育体制中，国立大学是极为重要的组成部分。以"适应国家需要"为最高目的而成立的东京大学，对日本高等教育的性质与发展方向的影响是无法估量的。在日本大学章程建设中，《东京大学宪章》当之无愧地成为日本各国立大学宪章的范本。

宪章的制定使大学法人化改革在学校实践层面制度化，使法人化管理在学校执行中有章可循、有据可依。《东京大学宪章》中鲜明的大学理念使大学内的每个机构乃至每个成员都了解了大学未来的发展方向，对教师和学生的行为起到了一种引领作用。

总之，在日本国立大学，一种以大学章程（宪章）为校内总纲领的制度建立起来了。它集中反映了两个方面的制度诉求：一方面是在长期目标之下，大学管理的理念、基本原则与组织运营机制；另一方面是在大学被赋予自治自主权后，在法人化改革的法律框架下，大学行使自治权力的自我规范，这是对内部管理的一种自律性追求。这样的宪章可以为我国的大学章程建设提供参考和借鉴。

第十一章　推进国立大学功能分类改革

日本从 2004 年开始启动国立大学法人化改革，以六年为一个周期，2016 年进入第三个周期（2016—2021 年）。在这个时期的新的中期计划中，日本文部科学省以"世界卓越、特色优势、地域贡献"为标准，对国立大学（共计 86 所）的功能定位进行了重新规划。

一、日本国立大学系统性分类的历史沿革

关于日本高等教育结构的特点，1976 年经合组织教育调查团在题为《日本的教育政策》的报告书中指出，日本的高等教育制度本身是极其具有等级性的，就像一个顶端极其尖的金字塔。"如果看由国立、公立大学构成的金字塔，首先处于顶端的是东京、京都两大学，像一桥大学、东京工业大学这样的专业性很强的大学以及 5 所旧制帝国大学则处于略低的位置上，在其之下是'二战'后设立于各都道府县的 46 所国立大学以及若干所公立大学。"①

这段评论深刻地指明了日本国立大学存在着不同的等级、不同的层次。应该说，从那个时代起，虽然又经历了几十年的快速发展，国立大学也经历了诸多的重组与变革，但是直至今天，国立大学的这种层级性特点依然没有本质性改变。

就日本国立大学的分类研究，曾经有许多学者提出过多种分类方法和指标体系。天野郁夫是最早专门针对日本国立大学群的制度结构进行系统性分类研究的著名学者之一。20 世纪 60 年代，他提出了三个指标，即传统（前身校的创办年份）、组织形态（讲座制、学科目制或有无设大学院）和教育机会的区域性（如学者的出生地类别结构），据

---

① 天野郁夫.高等教育的日本模式 [M].陈武元，译.北京：教育科学出版社，2006：242.

此将国立大学划分为中央的大学（10 所）、全国性大学（10 所）、地方性大学（54 所）三种类型（此数字统计到 1967 年）。①

随着日本高等教育进入大众化阶段，天野郁夫基于大学的研究能力和办学特色，将国立大学分为四类。第一类为基础性、研究型重点大学，包括 7 所旧制帝国大学（北海道大学、东北大学、东京大学、名古屋大学、京都大学、大阪大学、九州大学）、3 所旧制官立大学（筑波大学、神户大学、广岛大学）。第二类为地方性重点大学，此类大学的学科设置为综合性或多学科性的，包括 6 所旧制官立医科大学（千叶大学、新潟大学、金泽大学、冈山大学、长崎大学、熊本大学）、新制官立大学、"二战"后成立的医科大学等。第三类是有特色的小规模单科性大学，其中包括御茶水女子大学、奈良女子大学、东京外国语大学、大阪外国语大学、东京艺术大学、东京商船大学、大阪商船大学、电气通信大学等 8 所全国性特色领域的专业院校和 8 所师范类专业院校。第四类是 20 世纪 60 年代以后开办的一批新型大学，其中主要有 12 所医科大学、3 所师范类新构想大学（鸣门教育大学、兵库教育大学、上越教育大学）、面向高专毕业生的滨松与长崎的技术类大学和 4 所大学院大学。② 天野郁夫的这种国立大学分类法在日本非常具有代表性和公认度，即将研究能力和办学特色作为主要标准。

另一种公认的分类法是根据大学的设置规模（学部构成数量）、有无附属医院、教育研究活动的特色等指标进行分类，86 所国立大学可划分为综合类大学、专门类大学、大学院大学、女子大学（见图 11-1）。其中，综合类大学 47 所，约占 54.7%；专门类大学 33 所，约占 38.4%；大学院大学 4 所，约占 4.7%；女子大学 2 所，约占 2.3%。③

---

① 天野郁夫. 高等教育的日本模式 [M]. 陈武元，译. 北京：教育科学出版社，2006：192.
② 参见张玉琴. 日本高等教育均衡发展研究 [M]. 保定：河北大学出版社，2014：80.
③ 旺文社. 教育情报センター长. 大塚. 国立大「交付金」の"3 类型"化で、机能强化！[EB/OL]. [2016-06-05]. http://eic. obunsha. co. jp/viewpoint/201505viewpoint/.

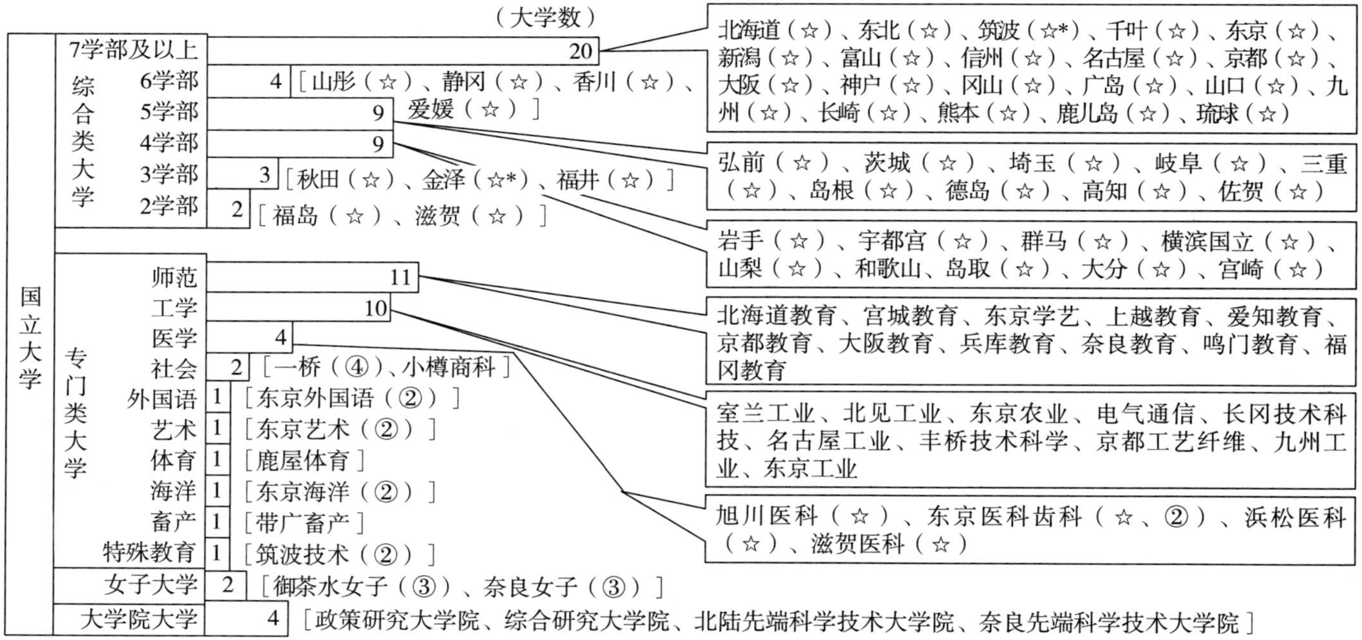

（大学数）

国立大学

综合类大学
- 7学部及以上　20　北海道（☆）、东北（☆）、千叶（☆）、东京（☆）、京都（☆）、新潟（☆）、富山（☆）、信州（☆）、名古屋（☆）、大阪（☆）、神户（☆）、冈山（☆）、广岛（☆）、山口（☆）、九州（☆）、长崎（☆）、熊本（☆）、鹿儿岛（☆）、琉球（☆）、筑波（☆*）
- 6学部　4　[山形（☆）、静冈（☆）、香川（☆）、爱媛（☆）]
- 5学部　9　弘前（☆）、茨城（☆）、埼玉（☆）、岐阜（☆）、三重（☆）、岛根（☆）、德岛（☆）、高知（☆）、佐贺（☆）
- 4学部　9　岩手（☆）、宇都宫、群马（☆）、横滨国立（☆）、山梨（☆）、和歌山、鸟取（☆）、大分（☆）、宫崎（☆）
- 3学部　3　[秋田（☆）、金泽（☆*）、福井（☆）]
- 2学部　2　[福岛（☆）、滋贺（☆）]

专门类大学
- 师范　11　北海道教育、宫城教育、东京学艺、上越教育、爱知教育、京都教育、大阪教育、兵库教育、鸣门教育、福冈教育、奈良教育
- 工学　10　室兰工业、北见工业、电气通信、长冈技术科学、名古屋工业、丰桥技术科学、京都工艺纤维、九州工业、东京工业
- 医学　4　旭川医科（☆）、东京医科齿科（☆）、滋贺医科（☆）、浜松医科（☆）
- 社会　2　[一桥（④）、小樽商科]
- 外国语　1　[东京外国语（②）]
- 艺术　1　[东京艺术（②）]
- 体育　1　[鹿屋体育]
- 海洋　1　[东京海洋（②）]
- 畜产　1　[带广畜产]
- 特殊教育　2　[筑波技术（②）]

女子大学　2　[御茶水女子（③）、奈良女子（③）]

大学院大学　4　[政策研究大学院、综合研究大学院、北陆先端科学技术大学院、奈良先端科学技术大学院]

图11-1　国立大学的设置规模和种类

注：①在大学名后（）内，带☆的是有医学部的大学，带*的是有学群等制度的大学，○内的数字表示学部数；
②为使行文简洁直观，大学名称统一省略"大学"二字；
③本图反映的是2013年4月的状况。

资料来源：http：//eic.obunsha.co.jp/viewpoint/201505viewpoint/。

从图 11-1 可以看出，在 47 所综合类国立大学中，占比最大的是有 7 个及以上学部的大规模综合类大学（20 所），全部拥有医学部。有 4—6 个学部的大学中，绝大多数拥有医学部。在富有特色和拥有优势学科的专门类国立大学中，最多的是师范教育类大学（11 所，占国立大学总数的 12.8%），其次是理工科类大学（10 所，占国立大学总数的 11.6%）。

2009 年国立大学法人化改革第一个六年中期计划结束时，日本国立大学财务中心对国立大学也进行了分类，将国立大学细分成八组（见表 11-1）。

A 组：学校办学规模在 1 万人以上，学部数量大约在 10 个以上的国立大学。

B 组：没有医科类的学部，学科设置以理工科为主，且理工科学生人数大约是文科学生人数的 2 倍以上。

C 组：没有医科类的学部，学科设置以文科为主，且文科学生人数大约是理工科学生人数的 2 倍以上。

D 组：只有医科类学部。

E 组：只有师范教育类学部。

F 组：只有大学院（研究生院）。

G 组：由医科类学部与其他学部构成，但又不同于 A—F 组的任何一种情况。

H 组：没有医科类学部，但又不同于 A—F 组的任何一种情况。

表 11-1　国立大学法人在财务上的分类

	大学名称
A 组 （13 所）	北海道、东北、筑波、千叶、东京、新潟、名古屋、京都、大阪、神户、冈山、广岛、九州
B 组 （13 所）	室兰工业、带广畜产、北见工业、东京农工、东京工业、东京海洋、电气通信、长冈技术科学、名古屋工业、丰桥技术科学、京都工艺纤维、九州工业、鹿屋体育

续　表

	大学名称
C 组 （8 所）	小樽商科、福岛、筑波技术、东京外国语、东京艺术、一桥、滋贺、大阪外国语
D 组 （4 所）	旭川医科、东京医科齿科、滨松医科、滋贺医科
E 组 （11 所）	北海道教育、宫城教育、东京学艺、上越教育、爱知教育、京都教育、大阪教育、兵库教育、奈良教育、鸣门教育、福冈教育
F 组 （4 所）	北陆先端科学技术大学院、奈良先端科学技术大学院、综合研究大学院、政策研究大学院
G 组 （25 所）	弘前、秋田、山形、群马、富山、金泽、福井、山梨、信州、岐阜、三重、鸟取、岛根、山口、德岛、香川、爱媛、高知、佐贺、长崎、熊本、大分、宫崎、鹿儿岛、琉球
H 组 （9 所）	岩手、茨城、宇都宫、埼玉、御茶水女子、横滨国立、静冈、奈良女子、和歌山

注：为使行文简洁直观，大学名称统一省略"大学"二字。

从以上对国立大学分类研究的历史追溯中，我们能够看出这些形式上的分类主要是以学校历史、设置规模、专业构成、教育与研究能力、办学特色等为指标，而对于国立大学的功能定位没有做特别明确的区分。各类大学具有同质性，出现了"小型化东京大学"的单一发展模式。

二、新时期推进国立大学功能分类改革的政策背景

文部科学省之所以下决心在新的六年中期计划中推进国立大学功能分类改革，主要有以下三方面的原因。

（一）高等教育大众化和普及化阶段充分发挥大学功能的需要

早在 2005 年，中央教育审议会的《日本高等教育未来展望》报告就明确提出，大众化阶段的高等教育机构必须实现特色化与多样化。

各个大学要根据自身的使命与功能，合理定位，明确特色。报告指出，"二战"后日本高等教育迅速普及，从数量上看虽然实现了大众化，但是在人力、物力资源相当不充足的条件下，大众化并没有质量上的保证。而且在日本18周岁人口不断减少的情况下，数量众多的缺乏个性的高等教育机构都把目标盯在单一的对象（即18—21周岁的全日制在校学生）上进行竞争，整体效率是非常欠佳的。

据2016年文部科学省发布的统计数据，当年日本高等教育的毛入学率达到了79.8%，净入学率（当年度的大学与短期大学入学人数/当年度的大学与短期大学报考志愿者人数）达到了93.7%，[①] 这表明日本高等教育已经进入普及阶段和"全入时代"。面对这样的现实，日本政府认为大学的象牙塔时代已经结束了，大学除了从事知识经济社会需要的教育和研究之外，还应成为学习型社会的核心机构，其为社会经济发展服务的功能必须得到强化。国立大学作为"知识社会的引擎"，要积极应对社会经济发展的变化与需求，引领社会的发展方向。

（二）全球化进程中提高日本国际竞争力的需要

日本是除欧美国家以外拥有较多诺贝尔奖得主的国家。但是，从整体来看，日本大学的教学科研水平不及英美国家，位居世界大学排行榜前列的大学较少也是事实。在东亚地区，日本大学的排名也有下降趋势。

为了提高日本大学的国际水准，2007年日本推出了"全球卓越研究基地计划"（Global Centers of Excellence Program），目的是通过重点支持国际上领先的教育研究基地建设，把本国若干所大学建设成为具有国际竞争力的世界最高水平的大学。2008年相继实施了"特色大学教育支持计划""促进高质量大学教育计划"。2013年实施了"大学作为地域知识据点促进地域振兴计划"。2014年启动了"超级国际化大学计划"（Top Global University Project），选定了37所大学作为超级国

---

① 文部科学省. 文部科学统计要览：平成28年版［M］. 東京：国立印刷局，2016：239.

际化大学，将予以 10 年巨额资助，促进它们成为世界超一流大学。

这些改革计划都是为了创造有利于提高国际竞争力的教育环境和培养国际化人才，使日本在全球化竞争中占据优势地位。大学的研究被认为是夺取尖端科技竞争胜利的具有重要战略意义的手段。而专门从事科研和以自然科学类学科为主的国立大学，是日本大学中质量最高的大学群，其硕士研究生占全国的 57%，博士研究生占全国的 69%。在各种世界大学排行榜中位居前列的也是这些国立大学。例如，2012—2013 年度《泰晤士报》高等教育副刊世界大学排名显示，上榜的日本大学中排在最前面的东京大学位列第 27；日本共有 13 所大学进入 400 名以内，其中私立大学有 2 所，公立大学仅有 1 所，其余 10 所全是国立大学。为了夺取国际竞争的胜利，日本必须优先提高这些国立大学的国际竞争力。

（三）人口状况变化对国立大学功能创新的需要

在全球化给日本经济和教育发展带来巨大外部挑战的同时，日本国内人口的老龄化和少子化则是困扰日本社会多年的难题。2014 年日本财务省公布了《文化教育与科学技术相关数据资料》，指出日本的国立大学并没有很好地履行大学的社会职责，不仅在世界范围内学术影响力低下，投入的经费与产出不成正比，也无法有效应对少子化、老龄化等带来的教育问题。

少子化对日本高等教育的冲击是剧烈的。20 世纪 60 年代，日本年出生人数为 200 万人左右，从 70 年代开始，日本人口的出生率持续下降。据厚生省统计，2001 年出生人数为 117 万人，2012 年只有不到104 万人，日本政府的一份内部文件将少子化称为"静默发生中的紧急状态"。据文部科学省统计，日本的 18 周岁人口在 20 世纪 80 年代之前一直徘徊在 160 万人左右，1992 年达到峰值（205 万人）之后就逐年减少，2000 年减少到 151 万人，2015 年为 120 万人，预计此后减少的趋势依然强劲，2021 年将减少到 114 万人，2030 年将减少到 101 万人，2031 年将减少到 99 万人。① 少子化被认为发展到了影响"国家兴衰"的地步，教育是受少子化影响最明显的领域之一。

与少子化共存的是老龄化。日本是世界上人口老龄化程度最严重的国家。据 2014 年的数据统计，日本全国 65 岁及以上人口的比例已达 26%，预计这一比例在 2030 年将达到 31.6%，到 2055 年将增加到 40%，届时日本人口也将从 1.27 亿人减少到 9000 万人。而且因地域差异，北海道、秋田县等几个都道府县的老龄人口占比在 2040 年就将达到 40% 以上。② 随着人口老龄化，制造行业与技术领域的年轻人不断减少，这在一定程度上削弱了日本在制造业以及技术创新领域的人才储备与更新。在少子化的背景下，老龄化问题将更加严重，日本的竞争力将会受到持续削弱。③

入学人口不足、严重老龄化和创新人才储备缺乏的危机，对于象征着日本竞争实力的国立大学来说，是严峻的挑战。国立大学必须对教学科研与组织管理运营、愿景目标与功能定位进行全新的审视。

三、推进国立大学功能分类改革的具体内容

（一）三组功能定位"各司其职"，分别应对全球化、特色化与多样化的要求

2015 年 6 月文部科学省面向全体国立大学发布通知，要求各国立大学重新定义自身使命与职能，在此基础上全盘修正国立大学法人的运行机制，进行组织改革。通知明确指出，各国立大学应立足于全球化日益深化的趋势、日本国内 18 周岁人口不断减少背景下的人才需求、教育研究水准的确保与提升以及国立大学应该承担的职责，特别

---

① 文部科学省. 文部科学统计要览：平成 28 年版 [M]. 東京：国立印刷局，2016：239.
② 日本内閣府. 高齢化の状況 [EB/OL]. [2016-06-05]. http://www8.cao.go.jp/kourei/whitepaper/w-2015/html/gaiyou/s1_1.html.
③ 人民网. 日本超级老龄化占总人口 26% 将严重削弱竞争力 [EB/OL]. [2016-05-07]. http://world.people.com.cn/n/2015/0615/c1002-27156190.html.

是围绕教师培养学科、人文社会科学领域的本科院系与研究生院，制定相关的改革重组计划，积极探讨相关专业的废止或将其转向社会需求更多的领域。

这份通知充分表明了日本政府关于国立大学功能定位的新的思路。其实相关的具体方案早已在 2013 年年底文部科学省发布的《国立大学改革计划》中呈现出来。该计划指出，日本面临新的社会经济形势——全球化日益加深、国内 18 周岁人口逐年减少、产业竞争力衰退，各国立大学应最大限度地发挥自身优势和特色以应对新形势，在今后发展中应重点瞄准三个方向：世界性教育研究据点，负责世界尖端科研创新；全国性教育研究据点，负责开展全国顶尖的科研活动和与世界接轨的特色教育教学活动；地域发展核心据点，负责培养适应地方经济社会发展需求的人才，解决地方发展中的课题。这三个层级的据点各司其职，分别负责应对全球化、特色化以及地方发展需求的多样化问题。

根据上述计划中的方案，日本政府确定了新的六年中期计划中三组功能定位的具体内容，即将国立大学分为三组，分别是世界卓越研究型（以下简称世界卓越型）大学、有特色（专业）优势（学科）的教育研究型（以下简称特色优势型）大学、致力于为地域（发展）做贡献型（以下简称地域贡献型）大学。

（二）三组功能定位自主选择，面向不同的发展目标与路径

根据功能分类改革要求，以东京大学为首的旧制帝国大学、东京工业大学等 16 所大学选择进入第一组，以开展世界一流水准的卓越教育研究为目标；15 所大学选择进入第二组，利用优势专业，创建富有特色的教育研究型大学；55 所大学选择进入第三组，为地域发展做贡献（见表 11-2）。

表 11-2　86 所国立大学的三组功能分类

组别	大学类型	大学名称
第一组	世界卓越型（16 所）	东京、京都、大阪、九州、东北、北海道、名古屋、筑波、一桥、东京工业、东京农工、千叶、金泽、神户、广岛、冈山
第二组	特色优势型（15 所）	筑波技术、东京医科齿科、东京外国语、东京学艺、东京艺术、东京海洋、御茶水女子、电气通信、奈良女子、九州工业、鹿屋体育、政策研究大学院、综合研究大学院、北陆先端科学技术大学院、奈良先端科学技术大学院
第三组	地域贡献型（55 所）	岩手、秋田、山形、福岛、茨城、宇都宫、群马、埼玉、横滨国立、新潟、富山、福井、山梨、信州、岐阜、静冈、三重、滋贺、和歌山、鸟取、岛根、山口、德岛、香川、爱媛、高知、佐贺、长崎、熊本、大分、宫崎、鹿儿岛、琉球等

注：为使行文简洁直观，大学名称统一省略"大学"二字。

表 11-2 中的功能类型分组，是在文部科学省明确了国际、全国、地方三种不同的发展目标与方向后，各国立大学自主选择的结果。因功能定位不同，各国立大学的发展目标、发展策略、发展路径呈现出差异化和多元化的态势。

例如，选择第一组"世界卓越型"的京都大学，为实现其功能定位、战略目标，采取的发展策略之一是在理工类院系、生命医学院系、人文社科院系、信息情报科学院系的各个专业领域进行全球招聘，如从哈佛大学、海德堡大学、新加坡国立大学等招聘最高水平的研究学者，构建超级国际化课程体系，培养具有世界竞争力的人才。而选择了第三组"地域贡献型"的爱媛大学提出了"培养引领地域发展人才，活用爱媛丰富多样的地域资源，为地域发展活力做贡献"的目标。由于人口减少，年轻人流出，爱媛陷入地域经济低迷的困境。爱媛大学创设了"社会共创学部"，它是一个文理融合型的学部，包括四个学科：培养能够解决地方产业课题的创新型产业人才的"产业管理学科"，培养地方产业发展所需人才的"产业创新学科"，培养能够管理运用地域资源和文化资源的人才的"地域资源管理学科"，培养构建人与自然和谐共生的可持续发展社会所需人才的"环境设计学科"。

（三）三种功能定位注重差异化，同时兼顾地域分布的均衡性

通过对前述国立大学法人在财务上的分类与国立大学三组功能类型进行比较，我们可以对大学功能的差异化有更明确的认识（见图11-2）。

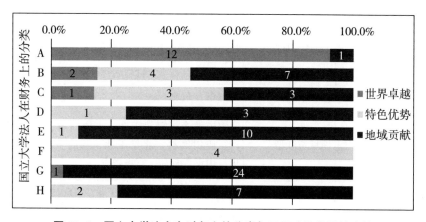

图11-2　国立大学法人在财务上的分类与三组功能类型的比较

注：以表11-2的86所国立大学为分类对象，图中的数字是选择相应功能类型的国立大学数量。

从图11-2中我们可以看出，A组、F组和G组的国立大学都比较倾向于选择某一种功能类型，B组和C组的国立大学选择的功能类型呈现出差异化特点（三组类型都有）。

由此我们可以推测，有的大学基于以往的教育研究活动自然做出选择；有的大学则重新审视了自身的目标功能，找到了新的定位与方向。特别需要关注的是B组和C组中，没有医科类学部、以理工科或者人文学科为主的国立大学选择了哪一种功能类型作为今后改革的方向。另外，国立大学法人在财务上的分类主要是根据大学设置规模进行的，出现三组功能类型与之不匹配的情况，就说明三组功能类型的

划分不以学校规模作为唯一的指标。虽然大规模国立大学选择将自身建设成世界一流大学的倾向明显，但文部科学省在最后的审核评估中并没有只看重大学规模，如世界卓越型大学里的一桥大学和东京工业大学都不是大规模综合性大学。

另外，在分类时兼顾地域分布的均衡性，也是一项重要原则。在日本从北到南狭长的地域中，47 个都道府县又被划分为五大地区，通过表 11-3 我们可以看到，每个地区都有至少一所世界卓越型大学发挥引领作用。

表 11-3　国立大学功能分类地域分布的相对均衡性

地区	组别	大学类型	大学名称
北海道·东北地区	第一组	世界卓越型	北海道、东北
	第三组	地域贡献型	北海道教育、室兰工业、小樽商科、带广畜产、旭川医科、北见工业、弘前、岩手、秋田、山形、福岛、宫城教育
关东·甲信越地区	第一组	世界卓越型	东京、筑波、一桥、东京工业、东京农工、千叶
	第二组	特色优势型	筑波技术、东京医科齿科、东京外国语、东京学艺、东京艺术、东京海洋、御茶水女子、电气通信、政策研究大学院、综合研究大学院
	第三组	地域贡献型	茨城、宇都宫、群马、埼玉、横滨国立、新潟、山梨、信州、长冈技术科技、上越教育
东海·北陆·近畿地区	第一组	世界卓越型	京都、大阪、名古屋、金泽、神户
	第二组	特色优势型	奈良女子、北陆先端科学技术大学院、奈良先端科学技术大学院
	第三组	地域贡献型	富山、福井、岐阜、静冈、滨松医科、爱知教育、名古屋工业、丰桥技术科学、三重、滋贺、京都教育、京都工艺纤维、大阪教育、兵库教育、奈良教育、和歌山

地区	组别	大学类型	大学名称
中国·四国地区	第一组	世界卓越型	冈山、广岛
	第三组	地域贡献型	鸟取、岛根、山口、德岛、香川、爱媛、高知、鸣门教育
九州·冲绳地区	第一组	世界卓越型	九州
	第二组	特色优势型	九州工业、鹿屋体育
	第三组	地域贡献型	福冈教育、佐贺、长崎、熊本、大分、宫崎、鹿儿岛、琉球

注：为使行文简洁直观，大学名称统一省略"大学"二字。

四、推进国立大学功能分类改革的主要举措

（一）建立分类评估体系，实施多元化评估制度

实施多元化评估制度、开展分类评估是日本推进国立大学功能分类改革的重要保障。日本国立大学实施了内部与外部评估、认证性与非认证性评估、专业性与综合性评估等不同类型的评估。

在内部评估方面，各大学都确立了由"计划、执行、检查（评估）、（整改）行动"（Plan-Do-Check-Action）四方面构成的内部质量保障评估体系，其评估结果每年都要定期向社会公布。在外部评估方面，采用双重外部评估制度，即在实施第三方认证性评估的同时，还实施非认证性评估。由于两种评估的主体不同，评估内容及评估项目亦不相同。

第三方认证性评估机构是经文部科学省认证的专业性评估机构，针对不同类型的大学进行总体和分专业领域的评估。例如，NIAD-UE就作为权威的半官方性质的评估机构接受文部科学省的委托，定期对所有的国立大学进行教育研究状况和分专业领域的评估。文部科学省确定的评估内容主要包括 11 个方面：大学的目的、教学科研组织、师

资、招生、教学内容及方法、教学成果、学生服务、设施设备、教育质量的改善与提高、财务和管理运行。NIAD-UE 依据文部科学省及本机构确定的评估标准，并结合大学自身的内部评估进行评估。NIAD-UE 并不强求大学内部评估都采用统一的标准，它更看重大学通过自主、自律的方式来确保自身的教育教学质量，主张大学先对照自身的办学目的、发展目标、战略计划及实施结果进行自我评估，在此基础上其再介入并对学校进行"诊断"，从而最大限度地发挥大学的自主性与能动性，强化大学自身的教学科研特色。

非认证性评估是由国立大学法人评价委员会开展的，其委员主要是来自产业、媒体、财务审计等各领域的代表，主要针对各个国立大学的六年中期目标实施评估。国立大学法人评价委员会不仅参与对各个国立大学六年中期目标实施前的审查、核实评估（事前评估），还会根据六年中期目标和实施计划对各个大学进行年度评估，检查其执行进度和完成情况，衡量六年中期目标和年度目标与实际实施情况之间的差距。如发现大学未能完成计划，则要求校方及时查找原因，并追究其责任。此评估注重各个大学的办学效率、经费使用和绩效管理，评估结果与政府拨款直接挂钩，旨在为政府拨款提供具有可操作性的依据。

这种多元化的评估体系已经比较健全，为国立大学功能分类提供了科学依据。

（二）进行组织结构调整，开展大学内部的院系重组和学科专业创新

文部科学省在向各国立大学发出的通知中，希望设有教师培养课程的教育系及人文社会科学系等的本科学院和研究生院能够废除相关专业或者努力向社会需求大的领域转向，并全面改进大学的组织和业务管理等工作。

从 2016 年至现在，根据大学的功能定位，已经有半数（43 所）国立大学实施了院系重组，其中有 26 所大学重组了人文社会科学系。选

择"世界卓越型"的东京工业大学，已经实施了整个学校的组织重组。学部与研究生院实现一体化，成立"学院"，目标是要成为世界前十名的研究型大学。选择了"特色优势型"的东京海洋大学，其水产和海事学科是其他大学所没有的传统特色学科，为应对日本第一产业（水产养殖业）的第六次产业化和培养高素质船员的要求，新设了"海洋资源环境学部"，以培养海洋产业创新人才。选择了"地域贡献型"的和歌山大学将经济学专业的三个学科合为一个，并且将在编人数从 330 人缩减至 30 人。它还对教学课程进行了改革，新设面向金融机构的就职课程及面向税务师的相关课程等六门新课程。岩手大学也对专业进行了大幅度重组，从 2016 年开始，人文社会科学专业与教育学专业的学生人数将减少 100 人左右，同时增加理科专业学生人数；在农业学专业中，新设"水产系统学课程"，主要是为了培养因东日本大地震陷入困境的水产业所需要的人才。岩手大学校长指出："大学不应该都教授相似的课程，而应分别致力于研究各自领域的课题，这才是地方国立大学存在的价值。"这些组织改革和学科创新都得到了文部科学省的经费奖励。

（三）分类投入，对大学经费实行竞争性"倾斜配给"

为促使国立大学明确自身定位、推进功能分类改革，各个国立大学"各尽其职"推进功能改革的程度被纳入政府拨款的衡量标准。此前，经费配给的主要依据是大学教员和学生的人数，积极尝试学科改革的大学和不开展变革的大学所获得的经费没有明显差别。实施功能分类改革后，经费配给将向办学目标明确、改革成效显著的大学及其重点优势专业倾斜。大学的弱势专业和改革不利或态度消极的大学一样，都要进行"合理化"重组。

实际上，文部科学省已于 2015 年年底调整了运营费拨款分配方法以促使各校主动改革，即采取重点拨款补助的方式，预先从分配给各个国立大学的运营费拨款中减掉约 1%，对这笔资金进行重新分配，重点拨付给那些在大学功能分类改革中拿出优秀方案和积极举措的大学。从 2016 年开始，文部科学省对三组功能类型的大学实行分类拨款，并增加了每项分类拨款的竞争额度（见图 11-3 和图 11-4）。

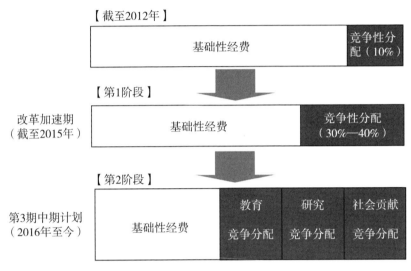

图 11-3　大学经费拨款分配方式的变化

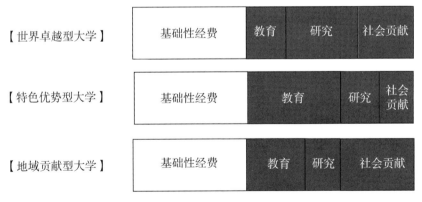

图 11-4　面向三组功能类型大学经费拨款的权重对比

从 2016 年 3 月文部科学省对三组功能类型大学的运营费拨款补助情况看，增额的有 42 所，减额的有 43 所。在世界卓越型大学中，增

额的有京都大学、神户大学、九州大学、北海道大学、大阪大学等
10 所大学，减额的有千叶大学、广岛大学、东京工业大学等 6 所大
学。在特色优势型大学中，增额的有东京艺术大学、东京医科齿科大
学等 8 所大学，减额的有东京外国语大学、筑波技术大学等 7 所大
学。在地域贡献型大学中，增额的有岩手大学、三重大学等 24 所大
学，减额的有 30 大学（见表 11-4）。旭川医科大学没有申请这项
补助。

表 11-4　功能分类改革的经费拨款补助竞争性分配的结果（2016 年）

16 所世界卓越型大学，增额 10 所，减额 6 所	
增加经费到 110.3%（3 所）	京都、神户、九州
增加经费到 100.2%（7 所）	北海道、东北、筑波、东京、一桥、名古屋、大阪
减少经费到 90.2%（5 所）	千叶、东京农工、东京工业、冈山、广岛
减少经费到 80.2%（1 所）	金泽
15 所特色优势型大学，增额 8 所，减额 7 所	
增加经费到 113.2%（1 所）	东京艺术
增加经费到 102.9%（7 所）	东京医科齿科、东京学艺、东京海洋、电气通信、政策研究大学院、综合研究大学院、奈良先端科学技大学院
减少经费到 92.6%（6 所）	东京外国语、御茶水女子、奈良女子、九州工业、鹿屋体育、北陆先端科学技术大学院
减少经费到 82.3%（1 所）	筑波技术
54 所地域贡献型大学，增额 24 所，减额 30 所	
增加经费到 118.6%（9 所）	小樽商科、带广畜产、岩手、宇都宫、长冈技术科学、三重、京都工艺纤维、奈良教育、和歌山

54 所地域贡献型大学，增额 24 所，减额 30 所	
增加经费到 107.8% （15 所）	北海道教育、弘前、山形、埼玉、横滨国立、新潟、滨松医科、名古屋工业、丰桥技术科学、滋贺、兵库教育、高知、熊本、大分、宫崎
减少经费到 97.0% （25 所）	室兰工业、北见工业、宫城教育、秋田、茨城、上越教育、富山、福井、山梨、信州、岐阜、静冈、爱知教育、滋贺医科、大阪教育、鸟取、岛根、山口、德岛、香川、爱媛、福冈教育、佐贺、长崎、琉球
减少经费到 86.2% （4 所）	福岛、群马、鸣门教育、鹿儿岛
减少经费到 75.5% （1 所）	京都教育

注：为使行文简洁直观，大学名称统一省略"大学"二字；表中经费增加、减少后的比例是与日本文部科学省原来对该大学的经费拨款相比得出的。

五、关于日本国立大学功能分类改革的思考

虽然日本的一些国立大学对于三种功能类型还有一些争议与质疑，但文部科学省仍强力推动了相关改革。日本国立大学功能分类改革与我国目前推进的"双一流"建设、建立高校分类体系和实行分类管理的改革有异曲同工之处。日本的一些改革举措为我们带来以下几点思考。

（一）改变评价标准与评价方式，建立分类评估体系，实施多元评估制度

在高等教育迈向大众化阶段的进程中，要想引导高校合理定位、克服同质化倾向，就要建立高校社会功能分类体系，依据高校各自的优势和特色，在不同层次、不同领域办高质量的教育。而若要实现这样的功能分类，针对不同类型高校的评价标准和评价内容必须有所区别。

教育部最新统计数据显示，截至 2020 年 6 月 30 日，我国高等学校共计 3005 所，其中，普通高等学校 2740 所［本科院校 1258 所（含本科层次职业学校 21 所），高职（专科）院校 1482 所］，成人高等学校 265 所。① 如此众多的学校中，既有中央部属高校又有地方省属高校，既有普通高等院校又有高等职业院校，它们不可能都同步完成具有世界级影响力的一流院校或一流学科的建设任务。

多元、分类的评价方式是推动大学明确各自发展目标，发挥各自优势与特色的重要手段之一。日本政府之所以对国立大学进行功能分类，也是想彻底扭转"小型化东京大学"的同质化发展局面。在这一过程中，建立符合各类大学功能特点的评估标准，改革单一的以学术标准为主的评估，构建多元化的评估制度显得尤为重要。

（二）政府定位引导与高校自主选择相结合，实施分类设计与管理，鼓励竞争

从上述选择以建设世界一流大学和一流学科为目标的日本大学名单看，既有历史悠久的旧制帝国大学，如东京大学、京都大学、大阪大学、九州大学、名古屋大学等；也有以专门领域研究著称的大学，如一桥大学和东京工业大学；还有"二战"后为促进高等教育均衡发展在地方新建立的一些地方国立大学，如金泽大学、冈山大学、广岛大学等。这就是说，功能分类改革允许各个国立大学自主选择、重新定位，鼓励它们展开竞争。当然，它们也要接受文部科学省的审核和评估。

目前我国高等教育以建设一流大学、一流学科为新时代的发展目标，这就意味着大学的发展目标和功能定位面临调整与选择，高校分类管理改革将面对更加复杂的局面。因此，改革既要有科学合理的顶层设计，也要尊重大学本身的自主性，形成分类管理、分类竞争的新

---

① 教育部新闻办.2020 全国教育事业统计主要结果发布［EB/OL］.［2021-04-02］. http://www.moe.gov.cn/jyb_xwfb/s5147/202103/t20210302_516416.html.

机制。

（三）注重宏观调控，在地域分布上充分考量大学功能分类布局的相对均衡性

在日本国立大学的功能分类改革中，从北到南的每个大的行政区域都至少有一所一流大学发挥领头羊作用，也有具有不同特色与优势的大学和力争为地域经济发展做贡献的若干所大学。如此，不同层次、不同类型的大学共同为经济和社会文化发展提供支撑。可以说，注意不同类型大学在地域分布上的相对均衡性也是日本此次改革的一大特点。

2016 年，从高校数量来看，我国已成为世界高等教育第一大国，但由于各地社会经济发展基础和条件各异，高等教育资源地域分布不均衡的问题一直存在。协调高等教育的区域发展是建立高校分类体系必须面对的一个重大课题。因此，在"双一流"建设和高校分类管理改革中，应从顶层制度设计上关注大学功能分类布局的均衡性，从宏观调控上健全协调发展的新机制。通过分类政策指导和资源配置，引导高校合理定位，克服同质化倾向，形成各自的办学理念和风格，支持不同类型高校在不同层次与不同领域办出特色、争创一流。

第十二章　强化大学教育质量评估监测

《世界高等教育大会宣言》明确指出："21 世纪将是更加注重质量的世纪，由数量向质量的转移，标志着一个时代的结束和另一个时代的开始。"提高质量是高等教育的生命线，也是世界各国进入高等教育大众化阶段后面临的共同问题。进入 21 世纪以后，对大学教育质量进行监测评估，成为各国不断提高高等教育水平的普遍做法。对此，笔者实地调研采访了日本文部科学省、国立教育政策研究所、东京大学、NIAD-UE 等相关机构的工作人员和专业领域的教授，以下是调研结果。

一、日本确立教育质量认证评估制度的进程

日本在 20 世纪 90 年代步入了高等教育大众化阶段，但高等教育机构数量膨胀而质量下降的问题日益凸显，成为社会广泛关注的热点。

日本传统的高等教育质量管理与监控主要是通过文部省的设置认可评估与大学内部的自我评估来实现的。1956 年颁布的《大学设置基准》规定，申请新设大学或增设新的学科，必须在设施条件及师资等方面达到文部省所设定的条件并接受文部省的审核，以保证办学质量的稳定性。

这一评估机制的主要问题在于：（1）评估采用事前申请的方式，只针对新设大学或学科，而对已设大学的教学质量管理缺乏有效的监督；（2）评估结果不对外公开，也没有时效性和约束性，无法有效地促进大学改善教学管理；（3）评估主要由文部省的行政力量主导，缺乏权威而客观的外部评估机制，与社会需求之间缺乏直接的关联。特别是文部省所设的基准规定过细，从教学科目、图书馆藏书到校舍面积等，事无巨细，无所不包。这对大学的个性化发展有明显的负面影

响，一直受到高等教育界的批评，要求大学设置基准弹性化的呼声一直不绝于耳。因此，从 20 世纪 90 年代初开始的日本新一轮高等教育改革的一大目标即是建立新的评估机制，强化大学的教学质量管理。

1991 年，文部省推出大学设置基准的弹性化方针，放宽大学设置基准，要求大学加强内部评估及质量监控，以保证办学质量。从 90 年代中后期开始，各大学相继发布关于"现状和课题"的评估报告书，对学校的发展情况及存在的问题定期进行内部评估。不过，由于日本大学的教授会自治传统以及教师对评估的抵触态度，大学内部评估基本流于形式——虽然对现状及问题进行了评估并提出了改进方案，但对如何在实践中保证改进方案得以落实仍然没有有效对策。由此，文部省开始认识到转变大学教师思想认识的必要性。在此背景下，引进严格的外部评估机制并将其与政府拨款挂钩，就成为大学管理运营改革的必然趋势。

1998 年大学审议会发表题为《21 世纪的大学与今后的改革策略》的报告，明确主张建立多元的评估机制，在充实内部评估机制的同时建立有效的外部评估机制。该报告认为建立外部评估机制的必要性在于：在促进大学教学科研质量改善的同时可保障大学的个性化发展；作为接受政府财政补助的公共机构，大学有向社会公众说明纳税人税款使用绩效的责任及义务。发表这份报告的直接结果是 2000 年文部省设立了独立行政法人 NIAD-UE，它作为权威的半官方评估机构接受文部省的委托对各大学进行评估。

NIAD-UE 的负责人由文部大臣直接任命，90% 的经费来自文部科学省拨款。NIAD-UE 所开展的评估认证活动，由文部科学省下设的国立大学法人评价委员会授权。NIAD-UE 独立组建专家队伍，独立发布评估结果和报告。从 2003 年度起 NIAD-UE 开始定期对所有的国立大学、短期大学以及高等专门学校等进行总体和分专业领域的评估。

2002 年 11 月，临时国会进一步修改了《学校教育法》，用法律的形式将接受外部评估规定为大学应尽的义务之一。

二、第三方评估的特点与经验——以 NIAD-UE 的评估为例

NIAD-UE 的评估主要有以下原则：（1）依据文部科学省及 NIAD-UE 所确定的大学评估基准进行评估；（2）评估以教学活动为主要对象；（3）评估的目的在于发展大学的特色；（4）评估结合大学自身的内部评估进行；（5）评估采用同行评议方式；（6）评估结果公开透明。

文部科学省所确定的大学评估内容主要包括 11 个方面：大学的目的、教学科研组织、师资、招生、教学内容及方法、教学成果、学生服务、设施设备、教育质量的改善与提高、财务和管理运行。

师资队伍方面的评估内容主要包括：（1）为开展课程教学，是否配备了适当的教师；（2）教师的选用及晋升是否有合理的标准并按标准执行；（3）为达成教育目的，是否开展了基础科研活动；（4）为开展课程教学，是否配备了必要的教师，是否适当利用了教辅工作人员。其具体指标包括：是否有组建教师队伍的明确方针，是否根据此方针组建教师队伍；能否保证课程教学所需要的教师；能否确保本科生阶段课程所需的专职教师；对于研究生课程，能否保证配备必要的研究指导教师和研究指导辅助教师；对于专业学位课程，能否确保配备有实际经验的专职教师；为实现大学的办学理念，是否有促进教师队伍更加多元化的措施（如年龄性别的平衡、外国教师的加入、任期制、公开招聘制等）；是否明确规定并运用了教师聘用及晋升标准，在本科生及研究生阶段，是否对教师进行了教育指导能力的评价；是否有定期评价教师教育活动的体制，体制是否发挥了作用。

教学内容及方法方面的评估内容主要包括：（1）教育课程是否参照教育目的有体系地设置，课程的内容和水平与授予学位的名称是否匹配；（2）是否拥有适合教育课程的教学方式与学习指导；（3）成绩评价、学分认定、毕业认定是否恰当有效。其具体指标包括：授课内容是否反映出为达到教育总目标而进行的基础研究活动的成果；课程

设置是否考虑到学生多样化的需求、学术发展的动向及社会发展变化的要求；是否通过确保课外学习时间、有组织有计划地开展学习指导、设定选修科目上限等措施促进学生的主动性学习；是否有组织地帮助学生提高自主学习能力和基础学习能力；是否有根据教育目的，使成绩评价基准与毕业认定基准相互配套的设计，并保证学生均能了解有关评定标准；有无保障成绩评价正确性的措施。

在教育质量的改善与提高方面，主要评估学校是否具有对教育现状进行自我检查评价，并根据评价结果改善和提高教育质量的机制。其具体指标包括：是否定期收集反映教育活动状况的动态数据和资料；是否听取学生意见，并将之反映到自我检查评价中；在自我检查评价中，是否适当反映校外人士（毕业生、用人单位等）的意见；是否具有将评价结果与教育质量提高相结合的体制；在审视教育课程、教师组织构成等方面的问题时，是否有具体的、连续性的对策；教师能否根据评价结果，对教学内容、教材、教学方法等不断进行改善。

从上述列举的几个方面的评估内容看，NIAD-UE 实施的第三方评估主要有以下三个特点。

第一，以教学活动为主要评估对象。这是因为 NIAD-UE 认为，大学教师对科研的评估已经习惯了，而对社会更为关心的教学评估尚不习惯。同时，此前对科研的评估更侧重于个人，因此 NIAD-UE 的教学评估更重视组织整体的教学能力和绩效。教学评估主要从三方面展开：学位授予方针是否明确；课程编制方针是否明确并得到贯彻；学生对于学校的教学方针是否理解并接受。

第二，强化大学特色的评估目的是与评估方式紧密结合的。NIAD-UE 的评估是建立在大学自身评估的基础上的。它并不强求大学的质量保障采用统一的标准，而更看重大学通过自主、自律的方式来确保自身的教育教学质量；主张大学先对照自身的办学目的、战略计划及实施结果进行自我评估，在此基础上由其介入对学校进行诊断，从而最大限度地发挥大学的自主性与能动性，强化大学自身的教学科研特色。

第三，采用同行评议。为了保障大学教学科研的自主与自治，

NIAD-UE 的评估采用了同行评议的方式。评估成员以教育界人士为主，外加部分经济界以及文化界的有识之士。评估组织的总体结构包括：评估认证委员会（负责总体工作）、评估部（负责具体的各领域的评估）、评估组（对各大学进行实际评估）及运营小委员会（负责各评估部门之间的横向协调）。评估的结果定期公开，以此促进大学教育质量的改善。

在 2005—2011 年实施的第一轮大学评估中，共有 143 所大学接受了 NIAD-UE 的评估，其中国立大学 84 所，占日本国立大学总数的 97% 以上。从评估的实际状况看，绝大多数国立大学及地方公立大学已接受了 NIAD-UE 的评估。外部评估成为日本大学质量监测与保障的主要手段。

NIAD-UE 评估机制的建立实质上意味着大学质量标准及其监测由学术取向转为社会需求取向。虽然大学评估的最终目的在于提高大学教学科研的质量，但由于其侧重从利用效率的角度考察大学经费支出与资源分配满足社会需求的程度及所取得的实际效果，其最显著的功效在于提高大学服务社会需求的责任意识，这也是它的全面实施与国立大学法人化改革几乎同步的主要原因。

三、专业评估的特点与经验——以日本技术者教育认定机构的评估为例

NIAD-UE 的评估主要以大学整体的教学质量为对象，是一种典型的第三方院校评估，而在 20 世纪 90 年代后期，日本大学质量评估有了新的变化，即专业评估兴起。日本主要的专业评估机构包括：日本技术者（主要指工程技术人员）教育认定机构（Japan Accreditation Board for Engineering Education，以下简称 JABEE），主要针对信息工程技术、机械制造、原子能等工程领域；教师培养评价机构，针对教师教育领域；职业临床心理师资格认定协会，针对临床心理学领域；非营利性组织（Non-Profit Organization）；国际会计教育协会，针对会

计领域；日本律师联合会（类似中国的律师协会）法务研究财团认证评估委员会，针对法律领域。下面以 JABEE 为例，对日本工程教育领域展开的专业评估进行具体介绍。

为填补高技能人才教育认定领域的空白，提高高等工程教育、理学教育、农业类教育等的质量以及国际竞争力，1999 年日本文部省、通商产业省联合工学领域的学术团体以及产业界人士成立了 JABEE，对日本大学高技能人才的培养质量进行认定。JABEE 是《华盛顿协议》的正式会员。

截至 2014 年，JABEE 累计对 172 个高等教育机构的 486 个教育项目进行了评估。其中，95 所大学申请的是多数教育项目的评估。经过 JABEE 评估的高校的毕业生累计达到 22 万人。从接受评估的高等教育机构类别看，包括国立大学（227 个教育项目）、公立大学（24 个教育项目）、私立大学（152 个教育项目）、高职高专（81 个教育项目）、大学院（1 个教育项目）、海外教育机构（1 个教育项目）。接受评估比较多的领域包括机械工程领域（80 个教育项目）、土木工程领域（65 个教育项目）、电子与信息通信工程领域（61 个教育项目）、工学领域（61 个教育项目）、化学领域（52 个教育项目）等。

专业评估是日本高等教育质量评估监测的一大重要改革与突破，也是日本提高高等教育质量的重要手段。研究专业评估的出台背景、内容以及作用等，可为我国高技能人才的培养提供借鉴。

（一）日本专业评估制度出台的背景

1. 培养国际化高技能人才的需要

随着经济全球化以及知识型社会的飞速发展，各国之间的竞争愈演愈烈，培养能够使国家在国际竞争中取胜的高技能人才的重要性得到了世界各国的普遍认同。20 世纪 90 年代之后，日本高等教育灵活性不足、开放性较差、国际化水平不高、高技能人才培养不力等问题越来越受到社会各界的广泛批评，日本经营者团体同盟、经济同友会、日本商工会议所等经济界和产业界团体纷纷指责大学培养的人才不能直接派上用场。另外，为了应对不断提高的国内生产成本，日本制造业逐步以对外投资的方式向发展中国家转移生产，引起了日本产业结构的变化，同时也对国内高技能人才的培养提出了更高的要求。其中，高技能人才的国际化素质越来越受到产业界人士的关注。制定高技能人才教育认定制度，使高技能人才的培养具备统一的标准，同时符合国际社会的要求，成为日本高等教育发展所要解决的重要问题。

2. "科学技术创造立国论"的提出

20 世纪 90 年代初，日本经济泡沫破灭，国家财政面临着严峻局面。为了摆脱危机，实现工业主导型经济向知识技术主导型经济的转变，日本适时地放弃了工业兴国论，提出了"科学技术创造立国论"。"科学技术创造立国论"旨在通过科学技术创新、产学研合作等手段实现产业结构调整，提高产品的知识性附加值，确保日本在国际经济贸易竞争中的有利地位。因此，日本人将关注重点转移到了高等教育上，认为高技能人才的培养是日本在国际尖端科学技术竞争中取得优势地位的关键所在。提高日本高等教育机构的人才培养质量成为"科学技术创造立国论"的必然要求。

3. 高等教育的竞争加剧

20 世纪末，日本进入少子化社会，18 周岁人口不断减少，高等教育机构整体上面临着严峻的生源危机，但同时，日本高等教育的入学率在不断上升，2007 年大学以及短期大学入学率（入学人数/入学志愿者人数）几乎达到 100%，这预示着日本高等教育"全入时代"的来临。在这一严峻情况下，使自己成为有魅力、有个性的存在，将优质生源吸引过来成为各个大学继续生存和发展的关键所在，日本高等教育机构之间的竞争不断加剧。

（二）JABEE 专业评估的主要内容

1. 管理体制

JABEE 对日本高等教育机构本科教育计划进行认定始于 2001 年，对专门职研究生院教育计划进行认定始于 2010 年。为保证工程教育专业评估制度的顺利、有效实施，JABEE 设立了专门职研究生院认定评估委员会和认定事业部门负责相关工作。JABEE 有三级部门：第一级是对高等教育机构提出的申请进行认定的专门职研究生院认定评估委员会和认定事业部门；第二级是对认定结果进行审议的认定会议；第三级是对认定结果承担法律责任的理事会。

2. 实施目的

JABEE 的评估对象为文部科学省认可的四年制本科院校的工学技术人员教育计划和专门职研究生院的技术人员教育计划（包括创造性技术、组装技术、原子工程领域的技术人员教育计划）。为使认定发挥最大的作用，JABEE 要求各高等教育机构公开自己的教育理念和教育目标，采用新的教育计划和教育手段，培养日本乃至世界需要的技术人员。其评估目的为：按照统一标准对高等教育机构的教育计划进行认定，确保教育计划的国际水平，推动技术人员教育质量的提高，通过培养国际通用型技术人员为社会和产业的发展做出贡献。其具体目标为：按照文部科学省《大学设置基准》的要求，促进大学的个性化发展；认定高等教育机构的教育活动质量是否达到了所要求的水平；教育计划的"产品"——技术人员是否具备了必需的知识和能力；教育计划能否培养具有专业意识的优秀技术人员；实施认定审查，向全世界公布通过认定的高等教育机构教育计划；推动高等教育机构采取优秀的教育方法；推动技术人员教育评价方法的发展，培养评价专家；明确教育活动中组织和个人的责任，正确评价教师教育的贡献。

3. 基本思想和评估基准

为保证认定过程的公平、公正，JABEE 对工程教育专业评估的基本思想和评估基准都有明确的规定。

为了使工程教育专业评估真正成为促进日本技术人才培养质量提高的动力，而不会对日本高等教育机构的发展构成负担，JABEE 实施的评估的基本思想是：评估不能妨碍大学的独立性、多样性以及大学改革的发展；评估不能强制，要根据该学科、该专业、该课程的要求进行；评估要保持公开透明，评估基准以及评估过程要公布；评估要成为有权威的中立的第三方评估；评估并非终身有效，有一定的时间限制，一般为从当年毕业生毕业时间算起的五年，但如果教育计划有需要进一步改进的内容，则有效期缩短为两年，经过中期审查之后，再延长三年；评估要具有公正一贯性，评估期结束需要继续做评估认定的，需要在评估期结束的前一年提交继续认定审查申请书；评估系统要符合日本社会的发展要求；评估费用要节约，避免过度支出；评估机构自身也要接受周期性的评价。

对于评估基准，JABEE 从"计划、执行、检查（评估）、（整改）行动"四方面做出了明确的规定。其中，"计划"要求设定和公开针对技术人才培养的教育目标。这一教育目标必须包括以下内容：全球视角下多方面考虑事物的能力；对于技术人才应该对社会所负责任的自省能力；数学、自然科学、信息技术知识以及对于这些知识的灵活运用能力；所属领域的专门技术知识及问题解决能力；利用科学、技术、信息等手段满足社会要求的设计能力；日语叙述能力、口头表达能力等交流能力以及国际通用交流基础能力；自主的继续学习能力；特定环境下做出计划以及对计划做出总结的能力。"执行"指的是采用适切的教育手段，主要包括入学人员选拔方法（考查学生基本素质的方法、考查修完基础知识后学生学业水平的方法、转学学生的学分互换方法）、教育方法（明确各门课程与技术人才培养目标的关系、公开各门课程的教学大纲、教学大纲要完备、各专业要具备能够激发学生学习动力的制度）和教育组织管理（拥有能够胜任教学工作的教师、具有提高教师能力的教师培养制度、具有完善的教师评价方法、具有教师合作制度）等内容。"检查（评估）"指的是对教育目标达成程度的检查评估，主要包括以下内容：各教学科目是否达到教学大纲的要求；其他高校以及其他专业转学学生的学分互换方法；各专业以教育目标为基础建立的学生综合评价体系；所有毕业生是否达到本专业所要求的教育目标。"（整改）行动"指的是教育改进行动，主要内容包括教育检查评价系统以及教育手段、教育方法的持续性改善活动等。

4. 审查流程和着眼点

成功通过 JABEE 的专业评估不仅可以在很大程度上提高大学的声誉和地位等，同时还可以开阔大学的国际化视野、促进大学的国际化改革，从而使大学在激烈的竞争中脱颖而出。因此，为了保证审查的客观公正，JABEE 实施了严格的理事会负责制下的审查制度。审查流程主要分为四个阶段：第一，由申请日本技术者教育认定的高等教育机构提交专业自评报告；第二，JABEE 在接到申请报告后，先对提交的专业自评报告进行书面审查，然后进行实地认定、审核；第三，在审查小组所做评价的基础上，JABEE 的审查委员会撰写专业认可评估报告，交给 JABEE 的认证审查调整委员会；第四，经最终认定委员会会议审议后，交给 JABEE 的理事会通过并发布。

JABEE 的评估的基本方针为检查教育计划是否得到准确实施、教育计划质量是否得到有效保证以及教育计划水平是否在认定基准之上。具体来说，评估的基本要求主要有以下八方面：（1）评估由同一审查小组进行，审查小组人数为三人左右，其中包括产业界人士；（2）所有毕业生必须达到"计划"设定的教育目标；（3）"计划"设定的教育目标与"检查（评估）"得出的教育目标的达成度以及"（整改）行动"中提出的教育改进目标是否一致；（4）"计划"的教育目标要根据社会需要以及学生的素质设定，同时要对学生毕业时的水平做出证明，审查委员会将从国际化角度对做出的证明进行判断；（5）教育内容并不能成为教育计划达到认定基准的证据；（6）教育计划要能证明中途转学的学生或插班生与其他学生处于同一水平，要从国际化角度做出具体证明；（7）对于在其他大学学习或者是接受远程授课的学生，教育计划也要对其水平做出证明，同时要向审查委员会说明该做法的稳妥性；（8）评估基准所要求的不是知识而是能力，教育计划要为学生创造适宜的学习环境。

四、分类别、分专业、多元化评估的推进

日本为了通过管理来保证大学质量，提出了三个重要要求：第一是符合"大学设置标准"（《学校教育法》第 3 条、第 4 条）；第二是大学有定期接受认定评估的义务，并达到其规定的标准（《学校教育法》第109 条）；第三是文部科学大臣有权对违法大学提出"改进建议""更改命令""关闭命令"三项处理措施（《学校教育法》第 15 条）。

因此，依据法律，大学评估被分机构、分类别、分专业、分阶段地逐步推进。例如，NIAD-UE 从 2000 年度起，以所有国立大学为对象，正式开始实施分阶段的大学评估。所谓的"分阶段"，是指首先选择部分大学作为评估对象，而不是一下子以所有大学为对象实行评估。评估被分为全校评估、学科教学评估、学科研究评估三类。

学科领域的评估分为理学、医学、法学、教育学、工程学、人文学、经济学、农学以及综合科学九个领域。在前八个领域分别选择六所左右的大学进行教学评估，再分别选择六所左右的大学进行研究评估。在综合科学领域，教学评估与研究评估并在一起，以同一大学为对象。

截至 2010 年 4 月 1 日，根据大学、短期大学、高等专门学校等不同类别高等教育机构的性质，日本分别设置了认证评估机构（见表12-1 至表 12-3）。除此之外，日本还有针对不同专业领域设置的认证评估机构（见表 12-4、表 12-5）。

表 12-1 大学的认证评估机构

机构名称	开始实施认证时间	评估内容
（财团法人）JUAA	2004 年 8 月 31 日	达成度评估和水准评估；专业领域的分类评估和学校整体评估；同僚评估
（独立行政法人）NIAD-UE	2005 年 1 月 14 日	—
（财团法人）JI-HEE	2005 年 7 月 12 日	以教育活动为中心的评估；关注大学特色的评估；重视定性的评估

表 12-2 短期大学的认证评估机构

机构名称	开始实施认证时间
（财团法人）JACA	2005 年 1 月 14 日
（独立行政法人）NIAD-UE	2005 年 1 月 14 日
（财团法人）JUAA	2007 年 1 月 25 日
（财团法人）JI-HEE	2009 年 9 月 4 日

表 12-3 高等专门学校的认证评估机构

机构名称	开始实施认证时间
（独立行政法人）NIAD-UE	2005 年 7 月 12 日

表 12-4 法律专业研究生院的认证评估机构

机构名称	开始实施认证时间	评估内容
（财团法人）日本律师联合会法务研究财团	2004 年 8 月 31 日	法律专业研究生院的评估标准以及认证评估事业相关的基本规定
（独立行政法人）NIAD-UE	2005 年 1 月 14 日	法律专业研究生院评估标准的纲要
（财团法人）JUAA	2007 年 2 月 16 日	法律专业研究生院的标准

表 12-5 其他专业领域研究生院的认证评估机构

机构名称	开始实施认证时间	认证领域/对象
（非营利性法人、一般社团法人）21 世纪管理教育与学术联盟（经营领域）	2007 年 10 月 12 日	工商（管理）专业领域、商学院（管理学院），后来发展到对教育管理领域的认证评估
（非营利性法人）国际会计教育协会（会计领域）	2007 年 10 月 12 日	会计专业领域
（财团法人）JUAA（公共政策领域）	2010 年 3 月 31 日	公共政策类的研究生院
教师培养评价机构（教师培养等领域）	2010 年 3 月 31 日	教职研究生院、学校教育相关的专业研究生院
（一般社团法人）JABEE（情报信息、创造技术、原子能领域等）	2010 年 3 月 31 日	与理工农学专业的协会联合，对大学培养的高技能技术人才进行认证；产业技术专业类的研究生院
（财团法人）JI-HEE（时尚业务商务领域）	2010 年 3 月 31 日	服饰、美容、文化设计、广告、营销、企划等专业的研究生院等

可以看出，日本的大学教育质量评价机构是非常多元的，目前已经形成了多机构、多层次、多角度的以第三方评估为核心的分类设置、分类评估的多元评估制度。正是这种制度的不断发展与完善，保障了日本高等教育的整体质量，推进了大学管理改革，促进了大学科研的发展。

五、强化教育质量评估监测的体系建设

教育评价事关教育发展方向，有什么样的评价"指挥棒"，就有什么样的办学导向。日本的高等教育质量评估制度主要有以下几方面的借鉴意义。

第一，构建不同类型的多元化教育质量评估体系。政府、大学自

身、第三方评估机构等评估主体多元并存的局面，保证了日本大学评估的公正性、科学性和规范化。第三方评估机构虽然是由日本文部科学大臣认证并授权的，但可以独立开展工作。从前面的介绍中可以清晰地看出，日本的第三方评估机构分类别、分专业，有十几家之多。

日本的大学教育质量评估是多元化评估，除了政府的行政管理评估外，专业协会与专业机构的专业评估起着主导作用，可以提供具有权威性、影响力和说服力的专业性评价。

第二，构建综合性评估指标体系和评估方法。日本的大学教育质量评估不仅覆盖所有大学，而且是分学校类型、分专业领域、分类设置评估机构的，所进行的评估既有教学评估，也有研究评估，还有从大学理念到组织、管理、运营等全方位的综合评估。我国的高等教育评估主要集中在普通高校教学评估、研究生教育评估上。普通高校教学评估目前主要包括普通高校本科教学评估、高职高专教学评估，对独立学院、民办高校的评估还未开展起来。而且我国的本科教学水平评估，使用一套评估指标体系，未根据高校的不同类型进行区分，针对性不强。

在构建高质量教育体系，不断推进教育治理体系和治理能力现代化的新时代，我国应该积极借鉴第三方评估、专业评估和分类评估制度的好经验与好做法，健全综合性评估，增强教育评价的科学性、专业性、客观性；推进高校分类评估，针对不同主体、不同学段和不同类型教育的特点分类设计，引导不同类型高校科学定位，办出特色和水平。

第三，探索建立应用型本科评价标准，突出高技能人才评估。随着我国经济社会的快速发展以及与国际社会联系的进一步加强，高技能人才的社会发展贡献率不断提高。培养高技能人才成为我国高等教育发展的一个必然趋势。在这种情况下，从国际视角出发对高等教育机构开展教育质量评估越来越重要。日本 JABEE 的做法有一定的借鉴意义。

从整体上看，JABEE 的评估无论是在对象还是在过程等方面都与一般性的院校评估明显不同。一般性的院校评估立足于教育投入与产出对比的视角，对高等教育机构的课程、教师状况、教学设备等进行评估，评估结果主要由被评机构满足评估标准的程度决定。与此相对，JABEE 以高等教育机构教育计划的完成状况，即教育成果为评估对象，通过高等教育机构的自评以及审查小组的实地考察等手段对教育计划做出认定，得出教育活动能否实现教育目标的结论。这种从产出角度对高等教育机构的教育计划做出认定的做法能够加强高等教育机构与社会的联系，增强其为社会服务的能力。

经济和社会的快速发展不断对高等教育机构的人才培养质量提出更高的要求，这一点在高技能人才培养领域更加明显。我国探索建立应用型本科评价标准，突出高技能人才评估，可以参考 JABEE 的成功经验，成立专门领域的评估机构，并提高该评估机构的国际化程度，从而促进高技能人才培养的国际化以及高等教育机构教育质量的提高。

目前，在经济社会大发展的背景下，我国高等教育改革已进入全面提高质量的关键发展时期，各个高等教育机构都争先恐后地将构建高质量教育体系作为核心任务。然而，没有科学的教育评价引领的改革很容易走偏，出现唯分数、唯升学、唯文凭、唯论文、唯帽子的现象。要围绕建设高质量教育体系，以教育评价改革为牵引，统筹推进育人方式、办学模式、管理体制、保障机制改革，以此来增强教育服务创新发展的能力，培养更多适应高质量发展、高水平自立自强要求的各类人才，培养能够担当民族复兴大任的时代新人，培养德智体美劳全面发展的社会主义建设者和接班人。

第十三章　改革国家级教育政策研究机构

日本的国家级教育政策研究机构包括文部科学省主管的公务机关性质的教育政策研究机构、独立行政法人性质的教育政策研究机构和大学或大学附属机构性质的教育政策研究机构。本章重点介绍公务机关性质的国立教育政策研究所。它具有服务于政府宏观教育决策的五大职能：准确恰当并且迅速地应对教育行政中的诸多课题；回应教育基层实践的要求，推进全面的、综合的调查研究；向教育相关者提供教育研究情报信息；开展教育领域的国际性共同研究；推进与地方教育研究所、研究中心等的共同研究。2018 年，国立教育政策研究所在美国宾夕法尼亚大学发布的《全球智库报告 2017》中的教育政策类智库影响力排名榜单中位列第一，这从一个侧面表明它是国际上公认的具有影响力的教育政策智库。

一、国家级教育政策研究机构的分类与性质

日本的国家级教育政策研究机构，以机构的性质为依据，大体可以分为三类。第一类是文部科学省主管的公务机关性质的教育政策研究机构。此类机构的运行经费和课题研究经费均来自政府拨款，其功能是为政府的教育决策提供咨询服务，例如国立教育政策研究所。

第二类是独立行政法人性质的教育政策研究机构。日本《独立行政法人通则》第 2 条第 1 项规定，所谓独立行政法人，是指"基于本法及个别法之规定设立的法人。其目的是实施关乎国民生活及社会经济安定等的在公共立场上必须确实实施之事务及事业。这些事务或事业，国家自身不必要直接实施，委托给民间主体实施恐有难以实施之虞，或为了高效，而有必要让一个主体独立实施"。因此，独立行政法人性质的教育政策研究机构，要根据文部科学省制定的中长期目标拟

定自己的中长期发展规划，并制订年度事业发展计划，到一定时间接
受文部科学省认定的外部评价委员会的评价，并将评价结果运用于该
研究机构事业管理运行的改进中。独立行政法人国立特别支援教育综
合研究所、国立青少年教育振兴机构便属于此类机构。

　　第三类是大学或大学附属机构性质的教育政策研究机构。这类机
构主要开展政策理论研究和政策人才培养。其基本运行经费来自政府
拨款、学生学费和社会捐助等，研究经费主要来自政府的委托项目和
相关基金会项目。政策研究大学院大学（1999 年成立）、东京大学公
共政策研究所等便属于此类机构。

　　上述三类国家级教育政策研究机构都隶属于文部科学省。《文部科
学省组织令》第 89 条规定，在文部科学大臣的直接管辖范围下，设置
国立教育政策研究所；第 90 条第 1 项规定，国立教育政策研究所主管
有关教育政策的基础性事项的调查及研究。① 其主要职责是为文部科学
省的重大教育战略决策提供国内外的实证研究资料以及政策咨询。

二、国立教育政策研究所的改革重组

　　国立教育政策研究所最早发端于 1932 年成立的国民精神文化研究
所，1945 年改称教育研修所，1949 年改称国立教育研究所，2001 年机
构名称中增加"政策"二字，开始使用现名。②

　　2001 年 1 月，为建设透明高效的政府，日本以新公共管理理论为
基础，进行行政管理体制改革，实行机构法人化和地方分权化等政策，
以达到精简机构、打造"小政府"的目的。在此政策背景下，文部省
与科学技术厅合并，成立了文部科学省。在推行教育地方分权化管理
的过程中，文部科学省为了把握全国教育的实际发展状况，需要把教

---

　　① 文部科学省. 组织令 [EB/OL]. [2008-01-22]. http：//www.cebc.jp/data/edu-
cation/law/jp/mext-so-rei.htm.
　　② 国立教育政策研究所. 沿革、组织、予算、要覧など [EB/OL]. [2008-01-22]. ht-
tps：//www.nier.go.jp/03_laboratory/03_enkaku.

育政策研究机构作为自己的附属机关，作为下情上达和上情下达的桥梁，加之在经济全球化、市场化、法人化等主流趋势下，国家的教育政策与战略研究越来越重要，所以，文部科学省对国立教育研究所进行了改革重组，将研究所的名称改为"国立教育政策研究所"，以服务于政府宏观教育决策。在研究所的组织制度上，废除了原来的以各个领域的独立研究为主的"研究室"制度，采用以项目研究为核心的"研究部"制度，以灵活并且适时适切地应对教育行政上的各种问题。同时，对原文部省教育课程行政和学生指导行政的基础性业务进行精选，将一部分工作移交给国立教育政策研究所，与研究所原来的部分组织（如教育经营、教育指导、学科教育研究的各个研究室）合并重组，设置新的教育课程研究中心和学生指导研究中心。同年 4 月，特殊法人国立教育会馆被解散，它的一部分业务被移交给国立教育政策研究所，为此设置了社会教育实践研究中心。教育研究信息中心也被改编为文教设施研究中心（学校配置研究中心）。2006 年 4 月，根据中期发展目标，教育课程研究中心又增设了学生学习能力调查科。在人员编制上，原文部省的学科调查官以及相关的行政官员都被并入国立教育政策研究所，因此该所人员由原来的 89 人大幅增至 158 人。2020年 4 月至今该所人数为 134 人。①

文部科学省通过上述对国立教育政策研究所的改革，一方面可以继续全面把握国家层面的政策问题，另一方面可以获取有关政策实施的大量信息情报，为教育行政机关的管理提供有针对性的建议。

与国立教育政策研究所几乎前后脚成立的独立行政法人国立特别支援教育综合研究所（原国立特殊教育综合研究所），也是原文部省所管辖的，但是伴随着 2001 年日本行政机构的法人化改革，其机构性质转向了独立行政法人。因为根据 1996—1997 年桥本内阁的行政改革会议方针，除了进行政策研究的国立机关以外，其他公有制机构都要转

---

① 国立教育政策研究所. 沿革、组织、预算、要览など［EB/OL］.［2008-01-22］. ht-tps：//www. nier. go. jp/03_laboratory/03_enkaku.

变为独立行政法人。

那么，国立教育政策研究所在行政机构改革的过程中被保留重组的内在原因又是什么呢？实际上，国立教育政策研究所被保留重组不仅仅是因为外部行政改革的压力。该所成立后一直在基础研究与实践研究、学术指向与政策指向的双轨道上往来反复，其具有的作用并没有完全被人们理解。进入 21 世纪后，大学里涌现出相当多的教育学系或教育学研究部门，数以千计的教育学专家、研究人员在进行教育内容、教育政策方面的研究活动，此时，该所的作用不可避免地被削弱了。

但是，由于全社会对解决教育问题的重要性与紧迫性的认识不断提升，政府必须在教育政策上做出迅速回应，拿出有效的对策措施，而且随着"政策评价"的观念逐渐深入人心，政策的形成以及实施、政策效果的预测以及政策的合理化、正当化越来越需要理论支撑和实践调研的数据支撑。面对这样的形势，国立教育政策研究所必须进行改革重组。①

三、国立教育政策研究所改革后的职能定位

为推进行政管理体制改革，文部科学省着力强化基于实证调查研究的规划和立案职能。在此背景下，国立教育政策研究所被赋予以下五项职能：其一，准确恰当并且迅速地应对教育行政中的诸多课题；其二，回应教育基层实践的要求，推进全面的、综合的调查研究；其三，向教育相关者提供教育研究情报信息；其四，开展教育领域的国际性共同研究；其五，推进与地方教育研究所、研究中心等的共同研究。

2011 年的统计数据显示，除了国立教育政策研究所外，日本地方

---

① 喜多村和之. 新生「国立教育政策研究所」への期待，「国立教育政策研究所」への転換［EB/OL］.［2008-01-24］. http：//www. nier. go. jp/kankou_kouhou/126-45. htm.

上大大小小有关教育政策的研究机构或组织有近 300 家，光是属于全国教育研究所联盟的教育政策研究机构就有约 230 家（截至 2020 年，国立教育政策研究所所长中川健朗兼任此联盟的委员长）。国立教育政策研究所需要及时向这些研究机构提供信息、支援以及与它们共同开展研究活动。

国立教育政策研究所的网站有如下关于其定位的介绍："本研究所是对教育政策进行综合研究的国立研究机关。我们的立场是，将从学术研究活动中得到的成果应用于教育政策的设计、规划、起草和制定，提供卓有意义、富有成效的见解与方案。在对外方面，我们是代表日本的国家级教育政策研究机关；与此同时，面对国内的有关教育机关、团体，我们也提供信息情报、必要的建言建议和支援。"① 由此我们可以看出，改革后的国立教育政策研究所是一个国家级教育政策研究的"智库"，对外代表日本，对内引领地方研究所和研究中心。它既在基层学校开展全国性的实证调研，又在政策理论研究上加强国际合作，更直接服务于国家的教育政策制定，与政策制定者和执行者直接进行对话与信息交流。

总之，国立教育政策研究所一方面要站在整个国家的高度上，针对教育问题开展基础性、长期性、全国性、前瞻性的实践调查与理论研究；另一方面还要具有全球视野，不断开展国际合作研究，在国际上推广日本的教育政策。

四、国立教育政策研究所的主要研究

国立教育政策研究所设有一个评议委员会、一个总务部、六个研究部和五个研究中心（从 2008 年至 2021 年 3 月）。评议会为国立教育政策研究所的事业规划、经费预算、人事以及有关运营管理的重要事

---

① 国立教育政策研究所．研究所の目的と役割・位置付け［EB/OL］．［2008-01-22］．https：//www. nier. go. jp/03_laboratory/03_enkaku.

项提供建议，现有 16 名评议员，他们是不同研究机构的领导者。

（一）宏观教育政策研究

这类研究的主要负责部门是研究企划开发部。它负责研究所的全部项目研究和事业开展等的规划调整，与国内研究机关特别是地方教育研究所、教育中心的合作交流；负责政策研究战略方面的立案和规划，以及进行基础性的、跨领域的调查研究。其负责的课题包括可持续开发与 21 世纪的教育、知识社会所期待的理想教师形象、各国教师薪酬的国际比较调查研究等。

（二）教育政策与评价研究

这类研究的主要负责部门是教育政策与评价研究部。它根据教育政策的历史和未来的趋势，开展教育行政、教育财政、教育政策评价的理想模式等方面的研究，并对教育政策的立案、实施、评价等进行基础性的实证调查研究。其负责的课题有：关于教育政策评价研究课题与评价方法的开发研究，教育信息的公开与说明责任的方式的比较研究，地方分权下的城市教育政策与教育行政模式的调查研究，政策制定的国内外研究状况与理论动向，以及教育政策评价理念与方法的理论性和实证性研究，等等。

（三）终身学习政策研究

这类研究的主要负责部门是终身学习政策研究部。它要确切把握日本国民的学习观念、认识和学习需要以及成人的知识与技能水平等，为此而进行基础性的调查研究。它还致力于通过终身学习构建职业生涯发展模式，开拓教育研究的视野，准确把握教育现状与问题。目前，其从事的研究主要有以下几项：终身学习政策评价的理论与实证研究，关于理科类高学历者的职业能力形成的实证研究，关于关键能力与核心素养的终身学习政策指标的活用可能性的调查研究，等等。

（四）基础教育政策研究

这类研究的主要负责部门是初等中等教育研究部。人们对基础教育质量的要求越来越高，因此有助于基础教育政策规划、立案的基础性调查研究就显得更加重要。初等中等教育研究部针对各种各样的要求，深入推进对基础教育学校的衔接及合作方式、学校评价的运用形式、小班化教学效果的验证、教师研修与教育教学指导能力提高等课题的研究调查。

（五）高等教育政策研究

这类研究的主要负责部门是高等教育研究部。这是伴随机构整编改组而新设立的研究部。它以对高等教育重大基础事项进行调查研究为目的，提供有助于高等教育政策规划、政策制定、政策评价的研究成果，发挥国家级教育政策研究机构的作用，在大学、研究机构和行政机关之间构建交流网络，召开公开研究会等。目前它开展的重点研究有：高等教育与初等、中等教育的衔接，高等教育的国际化和市场化的应对策略，大学教师的职能开发策略，高等教育学习成果评价与质量保证的国际比较研究，等等。

（六）国际教育合作研究

这类研究的主要负责部门是国际研究与交流合作部。它主要开展与国际机构的合作研究、比较调查研究；根据文部科学省的要求，对有关政策课题进行国际调查及研究等。其具体工作有：第一，与联合国教科文组织、亚洲太平洋经济合作组织（以下简称亚太经合组织）等合作举办国际研讨会；第二，代表日本，协助经合组织实施国际学生评估项目（PISA），与国际教育成就评价协会等开展国际比较调查，分析结果并公开发表；第三，进行国际教育合作活动的研究，并构建研究网络；第四，系统收集有关各国教育政策与改革动向的基础信息情报（涵盖教育行政、教育财政、课程、教师培养/进修、新的教育实践等），对各国的优先教育课题进行分析。这些方面的研究成果得到了日本国内与国际的高度评价。例如，2006 年该部门与联合国教科文组织携手举办的教育研讨会有来自 50 多个国家和地区、国际机构的 2200 多名专家学者参加，所发布的报告被各国所借鉴。

国立教育政策研究所的五个研究中心是教育课程研究中心、学生指导研究中心、社会教育实践研究中心、幼儿教育研究中心、文教设施研究中心（学校配置研究中心）。

与大学的教育政策学研究组织不同，国立教育政策研究所的职能主要体现为向教育行政机构提出建议与对策，这些均以实证调查为依据，因而更具有战略性、指导性和可操作性。例如，关于终身学习的研究项目对终身学习的体系化、课程开发、成果评价等问题进行理论研究和国际比较研究，相关政策建议都被政府采纳，并付诸实施。再如，PISA 测试结果在日本的教育施策和中央教育审议会等的审议中都得到了广泛运用。

五、国立教育政策研究所的发展目标

国立教育政策研究所的中期发展目标包括以下四个方面。①

第一是关于开展研究活动的目标。具体包括四项：站在中长期的视角，为了有助于国家战略性的教育政策的设计、规划、起草和制定，强力推进理论的、实证的调查研究；为了应对、满足社会的各种教育要求与愿望，对需要规划和制订的教育政策开展调查研究；与基层学校携手实施调查研究；在社会教育领域推进实践性研究。

第二是关于教育情报信息的收集与提供活动的目标。主要是向教育行政机关、教育关联单位和一般国民提供所收集、整理的教育政策信息，并开展相关的教育政策研究活动。

第三是与国内外各机构共同开展活动的目标。主要是通过与国内

① 国立教育政策研究所．国立教育政策研究所中期目标［EB/OL］．［2008-01-22］．http：//www. nier. go. jp/03_laboratory/pdf/tyuuki. pdf.

外相关联的各机构共同开展研究调查、召开会议或者开展教育合作活动，推进信息的交流和意见的交换，形成共识。

第四是关于研究所管理运营的目标。具体包括四项：为切实开展研究所的各项活动而构建管理运营体制；推进与文部科学省以及相关研究机构等的合作；推进各种宣传活动，以便研究成果更快地回馈社会、服务国民；对研究活动等的评价体制的构建与完善。

各研究部和研究中心根据上述目标自行设定自己的目标。

六、国家级教育政策研究机构改革的趋势

通过对日本国立教育政策研究所的改革重组、职能定位、研究内容与发展目标的阐述，我们可以总结出以下几点改革趋势。

（一）应强化国家级教育政策研究机构与地方及大学的合作共享机制

随着地方分权化改革不断深入，促进地方层面的教育政策研究能力的提高已成为重要课题。仅靠行政手段进行管理和调节，难免存在"一刀切"的弊端，新时期国家级教育政策研究机构的政策性引领作用将越来越凸显。

日本国立教育政策研究所的改革重组，体现了日本政府对国家级教育政策研究机构的重视。此项改革，一方面加强了文部科学省行政一体化改革之后的教育科研引领，使之能为政府制定重大教育战略决策提供有效数据信息和咨询服务；另一方面也扩大了教育政策研究机构的职能，提升了教育政策研究机构的宏观指导作用。面对全球化时代纷繁复杂的教育政策性课题，文部科学省在制定中长期战略规划与目标时更加需要吸收国家级教育政策研究机构的理论与实证研究的成果。可以说，国家级教育政策研究机构职能的充分发挥与国家教育的未来息息相关。

当前，我国国家级教育政策研究机构职能的发挥并不充分，与高校和地方研究机构的合作机制尚不完善，以至于各方对教育政策的理解和

领会存在差异甚至分歧。例如，目前对"教育政策研究"这一概念就有两种解读，一是"教育"的"政策研究"，二是"教育政策"的"研究"。① 在实践中，后者更为常见，它就是针对现实的教育政策展开研讨，把政策或者政策形成过程本身作为理解和研究的对象，而很少用教育的政策制定规范来研究问题。例如，我国高等教育继"211 工程""985 工程"之后开展了"双一流"建设，各大学教育政策方面的研究都取得了很大进展，但其成果多停留在理论框架上，缺乏可操作性。因此，政府需要大力强化国家级教育政策研究机构在宏观层面的引领和指导作用，加强教育政策研究与教育决策和教育实践的一体化协同。

（二）应加大对国家级教育政策研究机构的投入

在 21 世纪，教育政策研究机构作为教育决策的思想库和智囊团的作用将更加凸显。而进行具有战略决策意义的教育政策研究需要充足的财政性资金。为充分发挥教育政策研究智库的作用，日本政府投入了大量资金，仅国立教育政策研究所每年的经费就在 4000 万美元以上。目前我国国家层面的教育政策研究机构主要有两个，一个是国家教育发展研究中心，一个是中国教育科学研究院。这两家机构每年获得的来自政府的政策研究经费还不足日本国立教育政策研究所的十分之一。因此，我国亟须加强对国家级教育政策研究机构的投入。

（三）建立国家级教育政策研究制定及实施情况的数据库与信息中心

日本国立教育政策研究所的六个研究部和五个研究中心，每年都在做全国性的有关教育政策形成与实施的实证调查研究。目前我国在制定重大教育政策之前常常举办各个层面的座谈会，但还需获得更多政策数据库的支持，国家层面中长期教育政策研究所需要的系统的政

---

① 顾明远，叶澜，钟秉林，等. 教育研究的时代使命："新形势下教育研究创新发展学术研讨会暨《教育研究》杂志创刊 30 周年纪念座谈会"发言摘要［J］. 教育研究，2009（5）：17-27.

策信息数据相对缺乏，对已制定政策的执行情况缺少跟踪性的系统的数据分析。我国要建立为教育政策制定与实施服务的信息中心，全面收集各类有关教育政策执行情况的数据，建立国家层面的教育政策分析与评价数据库。这对于增强我国教育政策制定的科学性会有很大的积极作用。

（四）大力推进国家级教育政策研究机构的国际合作与交流

在全球化时代，教育的内外部环境都发生了巨大变化，国家教育决策所涉及的问题已不局限于一国之内，我们需要放眼世界，具有国际视野，与国际教育发展趋势保持同步。这就需要我们开展更多的国际合作与交流。为此，政府一方面应拨专项经费，聘请国外著名教育政策研究专家参与我国教育政策研究机构的研究；另一方面，应大力发展教育政策研究机构的国际合作与交流项目。

日本国立教育政策研究所专门设有国际研究合作经费（在 2009 年已经达到 200 多万美元）。该研究所依靠深入开展的国内外实证调查研究为教育政策的制定提供宝贵的信息和依据。例如，国立教育政策研究所关于教育的信息通信技术应用的国际比较调查、关于亚太经合组织的教育协力合作事业的调查研究，都为文部科学省和文部科学大臣提供了相关政策的国际化方案。

目前，我国的教育政策研究非常关注并大量引用国际教育组织的数据，但是我们的教育政策研究机构既没有与这些组织建立固定的研究上的联系，也没有定期向它们发布我们的研究成果。要想使教育政策具有前瞻性，反映国际趋势，首先就需要让教育政策研究机构走向国际，成为把我国的教育政策推向国际的重要力量。

后　记

我从日本留学回国已经近十五年了。这些年来，我参加过的课题研究非常多，其中很多都是教育政策的国际比较研究，特别是把中国与日本的教育改革政策做比较。我在日本九州大学攻读的就是国际比较教育学专业，所做研究的核心内容是教育政策比较，因此回国以来，我对日本教育改革的关注和对日本教育改革政策的研究从未间断。

回国后，我亲眼看到并切身体会到中国经济社会发展一日千里、波澜壮阔，教育领域也发生了翻天覆地的变化。短短十几年间，中国教育已从外延式发展走向内涵式发展，从数量规模发展走向质量发展，中国教育在不断升级、转型和重塑。这与日本追赶西方的教育现代化历史有些相似之处。

长期以来，教育界存在一个普遍现象，就是重内轻外。国内的教育研究者从不同角度、不同层次、不同学段对各级各类教育做了非常深入的研究，但在如何统筹国际国内两个大局、用好两种资源方面，我们的研究还很不够。中国要成为世界教育强国，需要国际比较教育研究提供更多的政策参考。

中日两国是一衣带水的邻邦，有长期友好交往的历史。在留学日本期间，我亲眼看见、亲身感受到日本对中国整体与各个层面的研究非常全面、深入和细致，研究中国各级各类教育发展历史和改革进程的书籍也比比皆是。相比之下，在我国，研究日本教育的书籍则没有那么多。

目前，我国正面临百年未有之大变局，中国教育也已昂首阔步走进新时代，建设高质量教育体系成为新发展阶段的新任务、新要求。

日本教育可以为我们提供一定的参照。本书既汇聚了关于日本教育改革的一些研究成果，同时也反映了我十几年来对日本教育改革的一些认识和思考。当然，许多问题还需要持续深入追踪研究。改革只有进行时，没有完成时，研究也是永无止境的。

在此，我要特别感谢在研究道路上给予我谆谆教导的顾明远先生，感谢给予我无私帮助的教育部教育发展研究中心的领导和同事们，感谢给予我全力支持的家人。我还要特别感谢教育科学出版社的郑豪杰总编辑，感谢他的鼓励和支持。

由于时间仓促，本书难免有疏漏和错误之处，恳请各位读者批评指正。

王晓燕

2021 年 3 月